신방수 세무사의
상속세 반 토막 나는 사람들의 10년 선택

이 책의 출판권은 ㈜두드림미디어에 있습니다.
저작권법에 의해 보호받는 저작물이므로 무단 전재와 복제를 금합니다.

신방수 세무사의
상속세 반 토막 나는 사람들의 10년 선택

신방수 지음

두드림미디어

머리말

AI 시대, 상속은 준비된 자와 준비되지 않은 자를 가르는 최후의 시험이다

상속세는 더 이상 일부 자산가들만의 부자 세금이 아닙니다. 준비된 사람과 그렇지 못한 사람의 운명을 가르는 결정적 변수입니다.

저는 25년 넘게 세무사로 현장을 누비며 수많은 상속의 순간을 지켜봤습니다. 재산이 많아 고민하는 경우보다 더 안타까운 것은, **"이 정도면 상속세가 안 나올 줄 알았다"**라며 무방비 상태로 상속을 맞이한 분들이었습니다.

특히 이런 분들이 위험합니다.

- 현금 없이 집 한 채뿐인 **1주택자**
- 매출은 줄었지만, 가게와 부동산은 남은 **자영업자**
- 임대소득은 꾸준하나 통장은 늘 비어 있는 **임대업자**

- '법인이니 상속세 걱정은 없다'라고 굳게 믿는 법인 **주주**
- **해외 거주자**

상속세는 단순히 재산 규모에 따라 결정되지 않습니다.

똑같은 재산을 가졌어도 누군가는 세금을 절반으로 줄여 부의 대물림을 완성하고, 누군가는 급히 집을 내놓으며 가족 간 분쟁에 휩싸입니다. 그 차이는 단 하나, '**상속세의 구조를 이해하고 미리 선택했는가**'에 있습니다.

이 책은 편법이나 위험한 기교를 나열하지 않습니다.

대신, 왜 어떤 이는 상속세 폭탄을 맞는지, 어디서부터 선택이 잘못되었는지, 그리고 그 선택을 언제 어떻게 바꿀 수 있었는지를 실제 사례 중심으로 풀어냈습니다. 특히 최근 가장 뜨거운 쟁점인 **국세청 감정평가사업에 대한 최신 판결 내용**을 담아, 실무 현장의 불확실성을 해소하고자 노력했습니다. 이 책이 제시하는 8개의 장과 9장의 전문가의 비밀 병기는 AI 시대에 여러분이 상속이라는 거대한 파도를 넘을 수 있는 나침반이 되어줄 것입니다. 참고로 이 책은 **2026년 초의 세제**를 바탕으로 전개되고 있으니 실무 적용 시에는 별도의 확인 과정을 거치시길 바랍니다. 또한, 내용 중 더 깊은 내용을 알고 싶다면 저자의 다른 책들을 참고하시길 바랍니다. 이외에도 저자가 운영하는 **네이버 카페**(신방수세무아카데미)에서는 실시간 세무 상담을 하고 있으니 이 공간을 잘 활용하시길 바랍니다.

상속은 예고 없이, 그러나 언젠가 반드시 옵니다. 그날이 왔을 때 미리 준비한 사람이 되어 웃을 것인가, 아니면 뒤늦게 계산기를 두드리며 후회하는 사람이 될 것인가?

이 책이 당신을 상속세 반 토막 나는 사람들의 대열로 안내하는 든든한 이정표가 되길 바랍니다.

역삼동 사무실에서
세무사 신방수

차례

제 3 장

[개인 편]:
증여와 상속 사이 최적의 균형점 찾기

제 1 장

상속세 대중화 시대 : 집 한 채만 있어도 피할 수 없는 이유

상속세,
이제 남의 일이 아니다

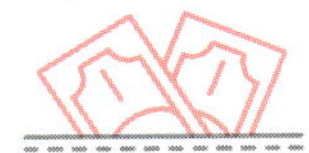

"상속세는 부자들이나 내는 세금 아닌가?"

현장에서 가장 많이 듣는 질문 중 하나다. 원칙적으로는 맞다. 하지만 최근의 상속 현장은 사뭇 다르다. 평범한 중산층조차 "저 정도 재산인데 상속세를 낸다고?" 하며 당황하는 사례가 속출하고 있다. 왜 이런 현상이 발생하는 것일까?

1. 상속세 대중화의 시대가 되는 3가지 이유

서울에 사는 A씨는 본인 재산이 10억 원 남짓이라 상속세와는 거리가 멀다고 확신했다. 하지만 그가 마주한 고지서는 2억 원이 넘었다. 남들은 10억 원까지 비과세라는데, 무엇이 문제였을까?

첫째, 부동산이 기준시가가 아닌 시가로 평가되기 때문이다.

상속재산은 공시가격이 아니라 **실제 거래가 또는 감정가**(시가)로 평가하는 것이 원칙이다. 서울 및 수도권 아파트는 공시가격이 6~8억 원이라도 실제 시세는 10억 원을 훌쩍 넘는 경우가 많아 과세표준이 순식간에 불어난다.

둘째, 과거의 사전증여재산이 소환되기 때문이다.

현재 남은 재산만 보는 것이 아니다. 세법은 상속세를 줄이려 미리 재산을 나눠주는 것을 방지하기 위해 **과거 증여분**을 합산한다.

- 상속인(자녀 등) : 사망 전 10년 이내 증여분 합산
- 상속인 외(손주, 며느리 등) : 사망 전 5년 이내 증여분 합산

셋째, 상속공제의 마법을 부리지 못하기 때문이다.

"10억 원까지 무세(無稅)"라는 말은 **일괄공제 5억 원 + 배우자공제 5억 원**이 완벽하게 맞물릴 때만 성립한다. 배우자가 먼저 세상을 떠났거나(단독 상속), 배우자가 재산을 거의 받지 않는 등 요건을 갖추지 못하면 공제액은 5억 원 수준으로 반 토막 난다.

이외에도 AI 시대에 국세청 검증의 잣대가 더 날카롭게 변모한 것도 하나의 이유가 된다.

2. [실무 사례] 죽은 재산이 산 세금을 부른다

A씨의 사례를 세법의 잣대로 분석해보자.

분석 자료

- A씨 사망 시 부동산 : 기준시가 7억 원(시세 미확인)
- 5년 전 배우자 증여 : 6억 원

• 상속공제액 : 10억 원(배우자공제 포함 가정)

Q1. A씨의 최종 상속재산가액은?

단순 보유분 7억 원이 아니다. 5년 전 배우자에게 준 6억 원이 합산되어 총 13억 원이 계산의 시작점이 된다.

Q2. 시세를 모르면 기준시가(7억 원)로 신고해도 되나?

원칙은 시가지만, 상속 전후 6개월 이내에 매매나 감정 사례가 없다면 기준시가(보충적 평가) 사용이 가능하다.

기준시가와 국세청이 추정하는 시가의 차이가 5억 원 이상 벌어지면 **국세청이 직접 감정평가**를 진행해 세금을 더 매길 수 있다(이와 관련해 최근 국세청의 독단을 막는 중요한 판결이 있었으니 제2장을 반드시 필독하기 바란다).

Q3. 예상되는 상속세는?

• 상속재산가액(13억 원) – 상속공제(10억 원) = 과세표준(3억 원)
• 산출세액 : 3억 원 × 세율 20% – 누진공제(1,000만 원) = 5,000만 원

A씨가 생전 증여 합산을 몰랐다면, 5,000만 원은 예상치 못한 날벼락이 된다.

1. 집 한 채의 역습 : 수도권 아파트 한 채만 있어도 기준시가 자체가 공제 한도에 육박합니다.

2. 현금 없는 자산의 비극 : 상속세는 현금 납부가 원칙입니다. 준비가 되지 않은 부동산 상속은 급매나 대출로 이어져 가산 자산을 갉아먹습니다.

3. 소득이 없어도 과세 : 상속세는 벌어들인 돈이 아니라 **남겨진 가치**를 봅니다. 은퇴 후 수입이 없어도 집값이 오르면 세금 대상입니다.

4. 골든타임을 놓치는 사전증여 : 증여세가 무서워 미루다 보면 합산 기간(10년)에 걸려 절세 기회를 영영 잃게 됩니다.

5. 가족의 화목을 지키는 길 : 준비 없는 상속은 필연적으로 "세금 누가 낼래?"라는 갈등을 낳습니다. 절세 설계는 곧, **가족 평화 설계**입니다.

집 한 채에도 상속세가
따라다니는 이유

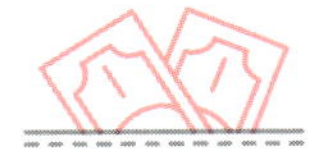

"평생, 이 집 한 채에서 살았는데, 인제 와서 세금을 내라고요? 집이라도 팔라는 소립니까?"

상담 현장에서 가장 많이 듣는 절규 섞인 항의다. 안타깝게도 대한민국 세법은 냉정하다. 보유세와 양도세에서 누리던 1주택자 특혜는 상속의 문턱에서 사라진다. 평생의 안식처였던 집도 엄연한 상속재산이며, 준비 없는 1주택자에게 상속세는 살 곳을 위협하는 재난이 될 수 있다.

1. 1주택자도 상속의 칼날을 피할 수 없는 3가지 이유

첫째, 상속세에는 1주택 비과세라는 탈출구가 없기 때문이다.

양도소득세(양도세)는 실거주와 보유 기간에 따라 파격적인 비과세 혜택을 주지만, 상속세에는 그런 자비가 없다. 한 사람의 **생애 재산을 최종 정리**하는 단계에서는 모든 자산에 대해 세금을 한번 털고 가야 한다는 원칙 때문이다. 국가 입장에서 상속은 비과세 대상이 아닌, 정산의 대상이다.

둘째, 상속공제의 개별성 때문이다.

상속세는 시가에서 공제액을 뺀 금액에 매겨지는데, 이 공제액은 상황에 따라 천차만별이다. 흔히들 "10억 원까지는 괜찮다"라고 말하지만, 이는 배우자가 살아 있을 때에만 해당한다. 만약 배우자가 먼저 세상을 떠난 단독 상속 상황이라면 공제 한도는 **5억 원**으로 반 토막 난다. 내 상황을 모른 채 남의 말만 믿다가는 세금 폭탄을 맞기 십상이다.

셋째, 국가 입장에서 가장 포착하기 쉬운 세원이기 때문이다.

부동산은 등기부 등본을 통해 재산의 소재와 가치가 투명하게 드러나므로 국가가 가장 확실하게 세금을 매길 수 있는 대상이다. 일부 국가에서 상속세를 폐지하자는 논의가 있지만, 현실적으로 한국에서 상속세가 사라지기를 기대하는 것은 요원한 일이다.

2. [실무 사례] 30억 원 아파트 한 채, 상속세는 얼마일까?

분석 자료

- K씨의 자산 : 거주용 아파트 1채(시세 30억 원 / 기준시가 10억 원)
- 현황 : 보유 현금 거의 없음, 연금으로 생활 중
- 가족 : 배우자, 자녀 4명(배우자 법정 지분 약 27%)

Q1. 집 한 채밖에 없는데 정말 세금이 나오나?

그렇다. 상속세는 부동산 개수나 생활 수준을 고려하지 않는다. 사망 시점의 시세가 공제 한도를 넘는다면, 거주용 1주택이라도 과세 대상이다.

Q2. 오래 산 집이면 세금이 줄어드나?

아니다. 20년을 살았든 30년을 살았든 보유 기간은 양도세에서만 의미가 있을 뿐, 상속세와는 무관하다.

Q3. 공시가격(10억 원)으로 신고하면 안 되나?

아파트는 거래 사례가 풍부하므로 대부분 **시가**(유사 매매가 또는 감정가)로 신고해야 한다. 국세청은 아파트의 시세를 뻔히 알고 있다.

Q4. 예상되는 상속세액은?

- 상속재산가액(30억 원) − 상속공제(일괄공제 5억 원 + 배우자공제 8.1억 원)
  = 과세표준 16.9억 원*

  * 배우자공제는 법정 지분 내에서 실제 상속받은 금액을 기준으로 함

- 최종 상속세 : (16.9억 원 × 세율 40%) − 누진공제 1.6억 원
                = 약 5.16억 원

현금이 없는 K씨 일가는 집을 담보로 대출을 받거나 급매로 처분해야 하는 상황에 놓인다.

Expert Tip 왜 1주택자의 집이 경매로 넘어갈까?

준비 없는 상속이 비극으로 끝나는 이유는 명확합니다.

1. 현금 출구 전략의 부재 : 상속세는 원칙적으로 현금으로 내야 합니다. 집값은 올랐지만 손에 쥔 현금은 없습니다.

2. 막혀버린 대출 : 상속 직후에는 명의가 확정되지 않았거나 상속인의 소득 증빙이 어려워 대출 한도가 나오지 않는 경우가 많습니다.

3. 가장 먼저 압류되는 부동산 : 세금을 제때 내지 못하면 국세청은 압류가 가장 쉬운 부동산부터 손을 댑니다.

4. 설계 없는 상속 : 사전증여나 보험 등을 통한 **납부 재원 마련**이 전혀 없었기 때문입니다.

배우자가 없으면
상속세가 폭등하는 결정적 이유

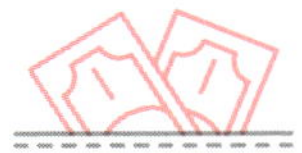

상속세 설계의 핵심 키워드는 단연 **배우자**다. 배우자가 있느냐 없느냐, 그리고 그 배우자가 얼마나 상속받느냐에 따라 세금은 반 토막이 날 수도, 반대로 2배가 될 수도 있다. 왜 배우자의 존재가 상속세의 마법이 되는지, 그 구조를 파헤쳐보자.

1. 배우자 유무에 따른 공제의 차이

① 배우자가 있는 경우 : "함께 일군 재산을 인정한다"

평생 공동으로 일군 재산에 대한 지분을 인정하고, 홀로 남은 배우자의 노후 생계 보장을 위해 최소 **5억 원**에서 **최대 30억 원**이라는 파격적인 공제 혜택을 준다. 이 범위 안에서는 세금 한 푼 없이 재산을 승계할 수 있다.

② 배우자가 없는 경우 : "기여도가 낮은 자녀에게는 냉정하다"

국가 입장에서 자녀는 부모의 재산 형성에 기여한 바가 상대적으로 낮다고 본다. 따라서 부모 중 한 분이 이미 돌아가신 후(단독 상속)에는 배우자공제라는 강력한 방어막이 사라지며, 세금 부담이 고스란히 **자녀에게 전가**된다.

2. [실무 사례] 배우자공제 유무에 따른 세금 시뮬레이션

분석 자료

- 피상속인 K씨(75세) : 거주용 1주택 보유(시가 30억 원)
- 가족 관계 : 배우자(재산 없음), 자녀 4명
- 배우자 법정 지분 : 약 27%(1.5 / 5.5)

Q1. 배우자가 있을 때, 세금을 가장 많이 줄이는 방법은?

배우자가 법정 지분(27%)만큼 실제 상속을 받는 것이다.

- 배우자공제액 : 30억 원 × 27% = 8억 1,000만 원
- 최종 상속세 : 약 5.16억 원*(일괄공제 5억 원 + 배우자공제 8.1억 원 적용 시)

  * (30억 원 - 13.1억 원) × 40% - 1.6억 원 = 5.16억 원(신고세액공제 3% 적용 시 약 5억 원)

Q2. 만약 생전에 배우자와 공동명의(50 : 50)였다면, 결과가 달라질까?

완전히 달라진다. 이 차이가 바로 재산 분산의 힘이다.
- K씨 사망 시 상속세 : 상속재산이 15억 원으로 줄어들어 세금은 9,000만 원으로 급감한다(일괄공제 5억 원 + 최소 배우자공제 5억 원 적용 시).
- 이후 배우자 사망 시(2차 상속) : 남은 15억 원에 대해 자녀들이 약 2억 4,000만 원의 세금을 낸다.
- 합계 : 9,000만 원 + 2억 4,000만 원 = 3억 3,000만 원

결론 : 단독 명의일 때보다 약 1억 8,000만 원 이상의 세금을 아끼는 동시에, 1차 상속 시의 현금 부담을 2억 4,000만 원이나 뒤로 늦추는(과세이연) 효과를 본다.

3. [비교 요약] 명의 분산이 상속세를 줄이는 원리

구분	단독 명의(30억 원)	공동명의 (15억 원+15억 원)	비고
적용 공제	13.1억 원(집중)	총 15억 원(분산)	분산 시 공제 총액 증가
적용 세율	40%(고세율)	20~30%(저세율)	누진세율 완화 효과
현금 부담	즉시 5.16억 원 납부	1차 9,000만 원 납부 2차 2.4억 원(연기)	당장 현금 압박 해소

Expert Tip **배우자공제 활용 시 주의할 점**

1. 마법의 기술에도 한도는 있습니다 : 배우자공제는 실제 상속받은 가액을 공제하지만, 최대 30억 원이라는 한도가 존재합니다.
2. 법률상 배우자만 인정됩니다 : 아무리 오래 같이 살았어도 사실혼 관계라면 공제 혜택은 **0원**입니다. 반드시 법적인 혼인관계여야 합니다.
3. 재상속 세액공제를 활용하십시오 : 만약 상속받은 배우자가 10년 이내에 사망해 **다시 상속(재상속)**이 발생한다면, 이전에 냈던 세금의 10~100%를 공제해주므로 이 기간을 잘 활용하면 됩니다(3장을 참조하세요).

성급한 사전증여가
오히려 독이 되는 이유

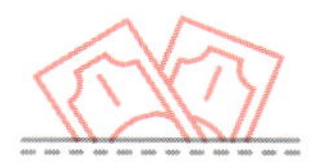

재산 분산을 위해 가장 먼저 떠올리는 방법이 증여다. 하지만 설계 없는 성급한 증여는 오히려 세금 폭탄의 도화선이 될 수 있다. 증여가 절세의 만능열쇠가 아닌 이유 3가지를 반드시 기억해야 한다.

1. 사전증여가 위험할 수 있는 3가지 이유

첫째, 즉각적인 현금 유출(증여세와 취득세)

상속세는 나중에 내지만, 증여세는 지금 당장 내야 한다. 특히 부동산은 **증여세**뿐만 아니라 높은 세율의 **취득세**까지 동반하므로, 당장 자금 유동성을 심각하게 해칠 수 있다.

둘째, 10년의 올가미(사전증여재산 합산)

증여하고 나서 상속인(자녀 등)은 **10년**, 비상속인(며느리, 손주 등)은 **5년** 이내에 사망하면 증여했던 재산이 다시 상속재산으로 끌려들어 온다. 결국, 상속세 과세표준을 낮추는 효과가 사라지는 셈이다.

단, 증여 당시 가액으로 합산되므로 그사이 재산 가치가 폭등했다면 상승분만큼은 절세할 수 있다.

셋째, 상속공제 한도의 습격(사전증여의 공제액 축소)

무분별하게 증여를 많이 하면 상속 시점에 남은 재산이 줄어들어, 배우자공제나 일괄공제 같은 강력한 상속공제 혜택을 충분히 누리지 못하게 된다. 자칫하면 **[증여세 + 취득세 + 늘어난 상속세]**라는 삼중고를 겪을 수 있다.

2. [실무 사례] 증여 후 사망 시점이 운명을 결정한다

분석 자료

- K씨(75세) 자산 : 30억 원 상당의 1주택
- 전략 : 배우자와 자녀에게 총 13억 원을 사전증여(증여세 5,000만 원 납부, 자세한 내용은 다음 페이지의 전략 표 참조)
- 남은 재산 : 17억 원

Q1. 증여 후 10년이 지나서 사망했다면? (베스트 시나리오)

- 상속재산 : 17억 원(증여한 13억 원은 완벽하게 제외)
- 최종 상속세 : 약 1억 5,000만 원(일괄공제 5억 원 + 배우자공제 5억 원 적용 시)

▶ 결과 : 증여 없이 상속했을 때(5.16억 원*)보다 세금이 절반 이하로 줄어든다. 증여의 효과가 극대화된 사례다.

  * [30억 원 − (일괄공제 5억 원 + 배우자공제 8.1억 원 = 13.1억 원)] × 40% − 1.6억 원 = 5.16억 원

Q2. 증여 후 10년 이내에 사망했다면? (워스트 시나리오)

- 상속재산 : 17억 원(잔여) + 13억 원(합산) = 30억 원
- 최종 상속세 : 5.16억 원(이미 낸 증여세 5,000만 원은 공제됨)

▶ 결과 : 세금 자체는 증여 전과 같아 보이지만, 이미 납부한 취득세와 각종 수수료만큼 손해를 보게 된다. 당장 낼 필요가 없던 돈을 미리 써버린 셈이다.

3. [전략 표] 증여세율 10% 구간을 활용한 황금 분할

세무사인 저자가 제안하는 가장 효율적인 증여 설계의 예시다(배우자 6억 원, 자녀 5,000만 원 공제 활용). 물론 증여 시점이 중요하다.

구분	배우자	자녀 1~4(합계)	총계
증여공제	6억 원	2억 원	8억 원
10% 세율적용액	1억 원	4억 원	5억 원
최종 증여액	7억 원	6억 원	13억 원
산출세액	1,000만 원	4,000만 원	5,000만 원

Expert Tip 사전증여의 성패를 가르는 3가지 질문

1. 건강하신가요?

최소 10년(상속인 외 5년)을 버틸 수 있는 건강 상태인지가 가장 중요합니다. 시간이 곧 절세인 셈입니다.

2. 가치 상승 여력이 큰가요?

지금 증여한 재산이 10년 뒤에 2배가 될 자산이라면, 설령 10년 이내에 사망해 합산되더라도 **증여 시점 가액으로** 합산되므로 엄청난 이득입니다.

3. 납부 재원이 있나요?

자녀가 증여세와 취득세를 낼 능력이 없다면, 부모가 대신 내주는 세금조차 다시 증여로 간주되어 세금이 꼬이게 됩니다.

무관심의 대가는 상속세 폭탄이라는 청구서

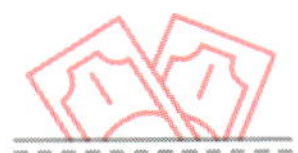

상속 현장에서 만나는 비극의 공통점은 재산이 많아서가 아니라, **무관심**했기 때문에 발생한다. 상속세 폭탄은 어느 날 갑자기 떨어진 우연이 아니다. 장기간의 무관심이 켜켜이 쌓여 만들어진 필연적인 결과다.

1. 당신이 상속세에 무관심한 3가지 핑계

첫째, "아직 먼 미래의 일이겠지" (막연한 낙관)

상속을 인생의 마지막 숙제 정도로 미뤄둔다. 하지만 부동산 가격은 당신의 계획보다 빠르게 올랐고, 세법의 문턱은 낮아졌다. 준비 없는 상속은 **예고 없이 현실**이 된다.

둘째, "어차피 집 한 채뿐인데" (자산 구성의 맹점)

부동산에 몰린 자산 구조는 상속세 그 자체보다 **납부 재원**이라는 더 큰 문제를 일으킨다. 국세청은 집을 나눠서 가져가지 않는다. 오직 현금만 요구할 뿐이다.

셋째, "복잡해서 잘 모르겠어" (제도 이해의 포기)

상속공제, 배우자공제, 10년 합산 규정 등 기본 원리만 알아도 수억 원을 아낄 수 있다. **무관심**으로 버려둔 시간만큼, 당신이 선택할 수 있는 절세 카드는 하나씩 사라진다.

2. [실무 사례] 무관심이 부른 현금 5.16억 원의 압박

분석 자료

- K씨(75세) 자산 : 거주용 1주택(취득가액 5억 원 → 현재 시가 30억 원)
- 가족 관계 : 배우자(재산 없음), 자녀 4명
- 현재 상태 : 현금 자산 거의 없음, 생전 재산 분산 전혀 안 됨.

Q1. 이 사례의 가장 치명적인 문제점은?

재산이 30억 원인데, 상속세를 낼 현금이 한 푼도 없다는 점이다. 자녀가 4명이나 되지만 생전에 지분을 나누지 않아 높은 누진세율(40%)을 정면으로 맞게 되었고, 사망 시점에 수억 원의 세금이 일시에 폭발하는 구조다.

Q2. 과거로 돌아간다면 무엇을 바꿔야 했을까?

집값이 10억 원대였던 시절에 배우자나 자녀에게 단계적으로 지분을 증여했어야 한다. **공동명의**만 했어도 누진세를 피하고 상속공제 효과를 극대화할 수 있었다. 또한, 사망보험 등을 통해 자녀들이 세금을 낼 현금 주머니를 미리 만들어줬어야 한다.

Q3. 지금이라도 조치하는 것이 의미가 있을까?

그렇다. 늦었다고 포기하는 것이 가장 위험하다. 지금이라도 일부 지분을 조정하거나, 상속세 납부 재원을 마련하기 위한 보험 활용 등 현실적인 대안을 찾아야 한다. 무관심 속에 흘려보내는 오늘도 **절세의 골든타임**은 지나가고 있다.

매년 연말이면 상속세 완화나 폐지에 관한 뉴스가 쏟아진다. 하지만 실무 현장에서 체감되는 변화는 거의 없다. 이유는 단순하다. 정부 관점에서 상속세는 없애기 어려운 세금이기 때문이다. 상속세 설계를 시작할 때 가장 먼저 버려야 할 것은 세금이 줄어들거나 없어질 것이라는 막연한 기대다. 우리는 정부가 상속세를 대하는 **냉혹한 태도**를 먼저 읽어야 한다.

Expert Tip 상속세 폭탄 3단계 제거법

1. 상속세 전용 현금 출구를 만들어야 합니다
   집을 지키려면 현금이 필요합니다. 종신보험 등을 활용해 피보험자를 부모로, 계약자와 수익자를 자녀로 설정하면 좋습니다. 이때 수령하는 보험금은 상속재산에 포함되지 않으면서 귀중한 세금 납부 재원이 될 것입니다.

2. 배우자공제를 제대로 설계해야 합니다
   최대 30억 원 공제의 혜택은 실제로 배우자 명의로 재산을 분할했을 때만 완성됩니다. 서류상 계산만 믿고 등기나 분할 협의를 미루다가 공제를 놓치는 **허무한 실수**를 범해서는 안 됩니다.

3. 10년의 법칙이 당신의 편이 되게 해야 합니다
   - 상속 전 10년 이내 증여 : 상속재산에 합산(절세 효과 반감)
   - 상속 전 10년 초과 증여 : 상속재산에서 완전 제외(완벽한 절세)

4. 지금 당장 조금이라도 증여를 시작하는 것이 시간을 이기는 유일한 방법입니다. 상속인이 아닌 손주나 며느리에게는 5년의 법칙이 적용되니 이들을 적극적으로 활용하면 좋을 것입니다.

상속세, 왜 정부는
포기하지 못하는가?

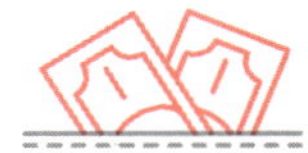

1. 정부가 상속세를 포기하지 못하는 2가지 이유

첫째, 상속세는 가성비 좋은 고액 세수이기 때문이다.

전체 국민 중 상속세를 내는 비중은 적지만, 한번 과세될 때마다 발생하는 세액은 수억 원에서 수천억 원에 달한다. 정부 관점에서 상속세는 관리비용 대비 세수 효과가 매우 큰 **집중 관리형** 세금이다.

둘째, 부의 대물림을 통제하는 유일한 수단이기 때문이다.

상속세의 존재 목적은 부의 이전을 조절하는 데 있다. 아무런 세 부담 없이 자산이 이전되는 것을 정부는 용납하지 않는다. 이를 위해 감정평가 확대, 사전증여 합산 강화 등 **그물망**을 점점 더 촘촘하게 짜고 있다.

2. [실무 사례] 정부는 왜 중산층의 상속세를 줄여주지 못하는가?

- A 부동산 : 기준시가 10억 원 / 실제 시세 20억 원
- 가족 관계 : 배우자, 자녀 2명

Q1. 중산층도 상속세를 내는 속사정은?

정치적으로 중산층 보호는 늘 강조되지만, 실무에서는 **중산층처럼 보이는 자산 구조**가 가장 위험하다. 1주택에 약간의 현금을 보유한 가구는 평소 과세 대상이 아닌 것처럼 보이다가, 시가 과세나 감정평가가 작동하는 순간 단숨에 고액 과세 대상자로 전락한다.

Q2. 그동안 상속세 부담을 키워온 구조적 요인은 무엇인가?

상속세가 체감상 늘어난 이유는 세율 때문이 아니라 **과세 구조 변화** 때문이다.

① 유산 과세 방식 유지 → 개인별이 아닌 전체 재산 기준 누진과세
② 기준시가에서 시가 과세 전환 → 감정평가·매매사례 적극 활용
③ 부동산 가격의 급등 → 공제는 그대로, 과세표준만 확대
④ 낮은 상속공제 → 재산증가 속도를 따라가지 못함.
⑤ 10~50%의 높은 누진세율 → 일정 구간부터 세금 폭등

Q3. 상속인별로 재산을 나눠서 세금을 매기면 안 되나? (유산 취득세 논란)

현재 우리나라는 돌아가신 분의 **전체 재산**에 대해 먼저 세금을 매기는 유산 과세형을 택하고 있다. 상속인이 아무리 많아도 세금이 줄지 않는 구조다. 상속인별로 받는 만큼 세금을 매기는 방식(유산 취득세)으로

의 전환이 논의되지만, 정부는 고액자산가의 세 부담 급감과 세수 감소를 우려해 쉽게 결론을 내리지 못하고 있다.

Q4. 시가 과세가 확대되는 진짜 이유는 무엇인가?

기준시가는 정부가 세금을 매기기 위해 정한 편의적 가격일 뿐이다. 정부는 부의 이전 가치를 정확히 반영하기 위해 매매사례가액, 감정평가 등을 동원해 **시가 중심 과세**로 이동해왔다. 이는 세율을 직접 올리는 것보다 조세 저항이 적으면서도 세수 증대 효과는 확실한 방식이기 때문이다.

[2026년 리포트] 바뀌지 않은 상속세, 당신의 로드맵은?

많은 기대를 모았던 2026년 상속세 개정 논의의 결과는 냉정하다.

항목	기존 제도	2026년 현황	비고
과세 방식	유산 전체 과세	현행 유지	상속인별 과세 도입 무산
상속공제	일괄공제 5억 원 배우자공제 5~30억 원	현행 유지	공제 한도 상향 논의 중단
최고세율	50%(누진세율)	현행 유지	세율 인하 불발
평가 방식	시가 중심 평가	행정 강화	국세청 감정평가 지속 운영 기조 (최근 법원의 제동에도 불구하고)

정부의 메시지를 해석하세요

1. 정부의 태도는 명확합니다. "상속세는 줄일 수는 있어도, 결코 놓아줄 세금은 아니다." 세율은 고정되어 있고, 공제는 제한적인 상황에서 자산 가치(시가)만 오르고 있습니다.

2. 이제 독자 여러분이 할 일은 하나입니다. 정부가 제도를 정교하게 다듬는 속도보다 더 빠르게, 사전증여와 감정평가 **대응 전략**을 세우는 것입니다.

3. 물론 이 과정은 세무사와 함께 하는 것이 돈을 아끼는 방법이 될 것입니다. 현직 25년 차 세무사인 필자도 이 과정에 기꺼이 **동참**하겠습니다.

상속세는 부자들의 전유물이 아니다. 부동산 비중이 높거나, 소득은 있으나 통장 잔고가 부족한 1주택자에 상속세는 예고 없이 찾아오는 현실이다. 기억해야 할 사실은 하나다. 상속세가 예상되는 순간 준비를 시작하지 않으면 이미 늦은 것이다. 상속세 준비는 단순한 절세 기술이 아니라 '**계산 → 관계 정리 → 실행**'이라는 엄격한 절차의 문제다.

1. 실패하지 않는 상속 설계 3단계

첫째, 냉정하게 계산부터 시작하라.

출발점은 "어떻게 줄일까?"가 아니라 "**얼마나 나올까?**"다. 지도 없이 길을 떠날 수는 없다.

▶ 체크리스트 : 기준시가 기준 총재산 규모, 공제 적용 가능성, 부동산 vs 현금 비중, 향후 국세청 감정평가 가능성(전문가와 함께 진단)

둘째, 세금보다 무서운 분쟁을 제거하라.

상속 문제의 절반 이상은 돈이 아니라 사람 때문이다. 특정 자녀에게 쏠린 재산, 명의신탁, 법인의 가지급금 등은 절세 이전에 **분쟁의 씨앗**이다. 세금은 줄여도 가족을 잃는다면 그 설계는 실패한 것이다.

셋째, 사후에 뒤집히지 않도록 실행하라.

살아있을 때는 완벽해 보여도 사후 세무 조사에서 무너지는 경우가 많다. 국세청의 감정평가를 부르는 신고 방식이나 실질이 취약한 증여는 피해야 한다. 사후에도 충분히 설명 가능한 **합법적 실질**을 갖추는 것이 핵심이다.

2. [실무 사례] 과거의 증여가 현재의 발목을 잡는다

분석 자료

- K씨 자산 : 15억 원(배우자 1억 원 별도)
- 가족 관계 : 배우자, 자녀 3명(배우자 법정 지분 33%)
- 특이 사항 : 3년 전 자녀1에게 사업자금 2억 원 증여

Q1. K씨 사망 시 상속세가 나올까?

그렇다. 나올 가능성이 매우 크다. 현재 재산 15억 원에 3년 전 증여한 2억 원이 합산되어 과세가액이 17억 원이 되기 때문이다. 일괄공제와 배우자공제를 합쳐 약 10~11억 원을 공제받더라도, 수억 원의 과세표준이 발생해 상당한 세금을 내야 한다.

Q2. 이 가족에게 예상되는 분쟁 시나리오는?

자녀1이 이미 2억 원을 받았다는 사실이 형평성 문제를 일으킬 수 있다. 부모 생전에 이 증여분을 어떻게 상속재산분할에 반영할지 정리해두지 않으면, 사후에 형제들 간의 법적 다툼으로 번질 확률이 매우 높다.

Q3. 지금 배우자에게 5억 원을 증여하면 세금을 피할 수 있나?

아니다. 시간이 필요하다. 배우자 증여 후 10년 이내에 사망하면 그 재산은 다시 상속재산에 합산된다. 배우자 증여는 만능 해결책이 아니며, 증여 후 충분한 **생존 기간이 담보**되어야 효과를 발휘한다.

Expert Tip **지금 당장 계산기를 두드려야 하는 사람들**

만약 아래 항목 중 하나라도 해당한다면, 오늘이 바로 상속 준비의 첫날이 되어야 합니다.

1. 연세가 **70세**를 넘으셨나요? (시간은 절세의 가장 큰 변수입니다)

2. 재산 규모가 상속공제액(보통 10억 원)을 넘나요?

3. 자녀 간의 **재산분쟁**이 예견되시나요?

4. 가업을 영위하거나 법인 주식을 보유하고 있나요? (평가 방식이 훨씬 까다롭습니다)

5. 부동산 가격의 변화가 심한가요?

6. 정부의 정책이 수시로 바뀌나요?

제 **2** 장

상속세 구조와 파산의 기로 :
모르면 뺏기고
알면 지키는 법

상속세 구조, AI 시대에도
왜 전문가처럼 알아야 하는가?

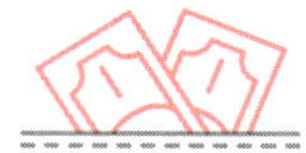

상속재산이 적거나 사전에 증여한 것이 없다면 상속세는 남의 동네 이야기처럼 들릴 수 있다. 하지만 최근의 부동산 가격 상승은 평범한 중산층조차 상속세의 사정권 안으로 밀어 넣었다. 특히 요즘처럼 AI의 돌풍이 거셀 때 상속세 구조를 이해하는 것은 세법 공부가 아니라, 내 자산을 지키고 가족의 평화를 유지하기 위한 최소한의 생존 지식이다.

1. 상속세 구조를 반드시 알아야 하는 3가지 이유

첫째, 상속세는 재산 규모만으로 결정되지 않기 때문이다.

상속세는 재산의 종류(부동산·주식·현금), 보유 형태(명의), 상속인 구성(배우자·자녀), 사전증여 여부에 따라 결과가 완전히 달라진다. 똑같은 20억 원 자산가라도 누군가는 **0원**을, 누군가는 **수억 원**의 세금을 낸다.

둘째, 사망 이후에는 타임머신을 탈 수 없기 때문이다.

상속이 개시된 순간(사망 시점), 모든 절세 수단은 사실상 종료된다. 상속세는 살아생전에 미리 구조를 짜두었느냐에 따라 승패가 갈린다. 준비된 사람에게는 **선택지**가 있지만, 준비 없는 사람에게는 고지서만 남는다.

셋째, 자산 유지와 가족의 안위가 달린 문제이기 때문이다.

세금을 낼 현금이 없어 평생 지킨 집이 경매로 넘어가거나, 공평하지 못한 상속으로 형제간에 법정 싸움을 벌이는 비극은 대개 구조적 무지에서 비롯된다. 구조를 아는 것이 곧, 자산을 지키는 방패다.

2. [실무 사례] 왜 같은 재산인데 세금은 천차만별인가?

Q1. 왜 사람마다 상속세 계산 결과가 다르게 나오나?

상속세는 '총재산×세율'이라는 단순한 공식으로 움직이지 않기 때문이다.

- 배우자가 있는가?
- 자녀가 몇 명인가?
- 10년 이내에 자녀에게 준 돈이 있는가?
- 자산 중 금융재산의 비중은 어느 정도인가?

이 질문들에 대한 답이 공제액을 결정하고, 결국 최종 세액을 수억 원씩 춤추게 만든다.

Q2. 재산 합계만 알면 대략적인 계산이 가능하지 않나?

불가능하다. 상속세는 과세표준을 만드는 과정이 핵심이다. 사전증여재산을 합산하는 방식, 부동산을 시가로 볼지, 기준시가로 볼지에 따라 과세표준 자체가 수억 원씩 왔다갔다한다. 합계만 보고 안심하는 것이 가장 위험한 착각이다.

Q3. 전문가마다 예상 세액이 조금씩 다른 이유는 무엇인가?

상속세 및 증여세법(상증법)은 해석의 여지가 많기 때문이다. 특히 재산의 평가 방식이나 공제 적용의 우선순위, 국세청 감정평가 대응 시나리오에 따라 전문가의 관점이 달라질 수 있다. 즉, 상속세는 단순 계산이 아니라 고도의 **전략적 판단**의 영역이다.

※ 상속세 접근 방법

복잡한 세법 조항을 다 외울 필요는 없다. 다음의 4단계 흐름만 머릿속에 넣어두자.
- STEP 1 : 상속재산가액 확정(사망 당시 재산 + 10년 내 사전증여재산 + 퇴직금/보험금 등)
- STEP 2 : 상속 채무 차감(은행 대출금, 전세보증금, 미납 세금, 장례비 등)
- STEP 3 : 상속공제 적용(배우자공제, 일괄공제, 금융재산공제, 가업상속공제 등)
- STEP 4 : 과세표준 산출 및 세율 적용(공제 후 남은 금액에 10~50% 누진세율 적용)

Expert Tip **AI 시대에 상속세 구조를 알아야 하는 3가지 이유**

제아무리 AI가 활개 쳐도 여전히 사람의 힘은 작동할 것입니다. 그 이유는 다음의 3가지입니다.

첫째, 데이터는 AI가 보지만, 맥락은 전문가가 봅니다 : AI는 입력된 수치만 계산하지만, 전문가는 가족 간의 관계, 미래의 자산 가치 변화, 국세청의 최근 조사 경향(세무 행정의 분위기) 같은 **비정형 데이터**를 통합해 전략을 짭니다.

둘째, AI는 책임을 지지 않습니다 : AI의 계산 오류나 단순 수치 누락은 결국 납세자의 가산세로 돌아옵니다. 구조를 알아야 AI나 전문가의 조언이 맞는지 검증할 수 있습니다.

셋째, 세무 조사 등에서 유연성은 사람이 강합니다 : 세법은 수학처럼 1+1=2가 아니라, 증명 책임과 해석에 따라 세액이 달라지는 **회색 지대**가 존재합니다.

사전증여 합산 기간이
뒤죽박죽인 이유

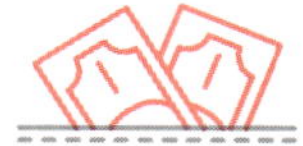

상속세를 피하고자 미리 재산을 나눠주는 사전증여는 무한정 인정되지 않는다. 세법은 상속세를 줄이려는 편법을 막기 위해 일정 기간 내의 증여를 다시 상속재산에 포함시킨다. 여기서 핵심은, **'누구에게 증여했느냐?'**에 따라 합산되는 운명의 시간이 달라진다는 점이다.

1. 사전증여 합산의 2가지 그물망

사전증여를 관리하는 세법의 그물망은 두 겹으로 되어 있다.

① 상속재산 합산(상속세 계산 시)

사망 시점에 '과거에 준 돈도 상속재산으로 본다'라는 규정이다.

- 상속인(자녀, 배우자 등) : 사망 전 10년 이내 증여분 합산
- 비상속인(며느리, 사위, 손주, 법인 등) : 사망 전 5년 이내 증여분 합산

② 증여재산 합산(증여세 계산 시)

증여 시점에 '최근 10년 동안 같은 사람에게 받은 돈을 다 합쳐라'라는 규정이다.

- 동일인 기준 : 최근 10년간 합계액이 1,000만 원 이상이면 합산과세

③ ①과 ②의 관계

먼저 생전에는 ②를 중심으로 증여재산을 합산하고, 상속이 발생하면 ①에 따라 상속재산에 합산한다. 따라서 상속재산 합산을 피하고 싶다면, 최종 증여를 상속개시일 기준 10년 전에 발생하게끔 해야 한다(비록 사람의 생명 기한을 정확히 예측할 수는 없지만).

2. [실무 사례] 손주와 며느리 증여가 황금 열쇠인 이유

A씨 부부는 다음과 같이 자녀와 손주에게 재산을 나누어주었다.

〈증여 내역 분석〉
- A씨 → 자녀 C : 1억 원(7년 전)
- A씨 → 손주(C의 자녀) : 1억 원(6년 전)
- 배우자 → 자녀 C : 1억 원(7년 전)
- 배우자 → 손주(C의 자녀) : 1억 원(5년 전)

Q1. 만약 오늘 A씨가 사망한다면, 상속세 계산 시 합산되는 금액은?

정답은 자녀 C에게 준 1억 원뿐이다.
- 이유 1 : 상속세는 사망한 사람(A씨)의 재산만 따진다. 배우자가 준 재산은 합산 대상이 아니다.
- 이유 2 : 손주는 상속인이 아닌 **비상속인**이다. 비상속인은 5년만

지나면 상속재산에서 완전히 제외된다. 손주에게 준 돈은 6년 전이므로 A씨의 상속세 계산에서 빠진다.

Q2. 왜 상속인(10년)과 비상속인(5년)의 기간을 다르게 두었나?

상속인은 어차피 재산을 물려받을 주인공이기에 미리 증여해서 상속세를 회피할 가능성이 매우 크다(10년 감시). 반면, 며느리·사위·손주 등 비상속인은 원칙적으로 상속권이 없으므로, 이들에게까지 10년의 잣대를 대는 것은 과도하다고 보아 5년의 짧은 **면죄부**를 주는 것이다.

3. [비교 요약] 증여 및 상속 합산 규정 한눈에 보기

구분	증여세 합산(동일인)	상속세 합산(상속인)	상속세 합산(비상속인)
대상	돈을 준 사람 기준	자녀, 배우자 등	며느리, 사위, 손주, 법인 등
기간	10년	10년	5년

비상속인에는 며느리·사위, 사실혼 배우자, 동거인, 법인 등이 해당한다. 이들은 아무리 오래 함께 살아도 법정 상속권 없으며, 단, 재산을 받으면 증여세 과세 대상이 된다.

> **Expert Tip** · **5년의 마법을 활용한 전략적 증여**
>
> 상속인이 아닌 비상속인을 활용하면 상속세 설계의 차원이 달라집니다.
> 1. 며느리와 사위를 활용하십시오 : 아들에게 2억 원 줄 것을 아들 1억 원, 며느리 1억 원으로 나눠주면 합산 기간이 10년에서 5년으로 줄어드는 효과를 볼 수 있습니다.
> 2. 손주 증여는 30% 할증되지만, 이득입니다 : 세대생략 증여로 **30% 할증세**를 내더라도, 5년만 지나면 조부모의 상속세 계산에서 완전히 빠지기 때문에 고령의 자산가에게는 가장 유리한 선택이 됩니다. 단, 세무사 검증은 필수입니다.
> 3. 사실혼 배우자도 5년입니다 : 법정 상속권이 없는 **사실혼** 배우자나 동거인에게 증여할 때도 5년 규정이 적용됩니다.

국세청은 빼돌린 돈을
어떻게 찾아낼까?

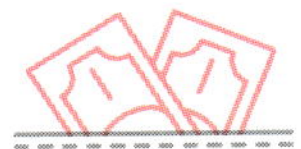

상속이 임박해서야 사태의 심각성을 깨달은 사람들은 종종 위험한 선택을 한다. 부동산을 급히 처분해 현금화하거나, 부모님 통장에서 거액을 인출해서 숨기는 식이다. '현금으로 뽑아두면 국세청이 설마 알겠어?'라는 안일한 생각은 비극의 시작이다. 국세청의 금융추적 시스템은 당신의 생각보다 훨씬 강력하며, **입증하지 못하면 모두 세금**이라는 서슬 퍼런 원칙을 휘두른다.

1. 국세청의 무기 : 상속추정 vs 증여추정

국세청은 사망 전 10년 치 금융거래 내역을 현미경 보듯 살핀다. 이때 자금의 용처를 밝히지 못하면 다음 2가지 제도로 세금을 매긴다.

1) 상속추정(사망 전 2년 이내) : **"어디에 썼는지 증명해!"**

사망 직전 고액의 현금을 인출했다면, 상속인이 그 돈의 사용처를 영수증 등으로 소명해야 한다. 소명하지 못하면 그 돈은 상속인이 몰래 가져간 재산으로 간주해 상속세 대상에 포함시킨다.

▶ 기준 : 1년 이내 2억 원, 2년 이내 5억 원 이상 인출 시 적용

2) 증여추정(사망 전 10~15년 이내) : **"왜 가족 계좌로 들어갔어?"**

피상속인의 돈이 배우자나 자녀 계좌로 입금된 사실이 발견되면, 국세청은 일단 증여로 본다. 증여가 아님을 입증하지 못하면 증여세를 먼저 때리고, 그 금액을 다시 상속재산에 합산한다.

3) 둘의 관계

- 증여추정과 상속재산 합산 : **가족 계좌**에 입금된 자금은 원칙적으로 증여로 추정된다. 특히 상속개시일로부터 10년 이내에 상속인에게 증여한 재산(비상속인은 5년)은 상속재산 가액에 합산된다. 이 경우, 누락된 증여세는 물론 무거운 가산세까지 부과될 수 있다.
- 상속추정과 상속재산 합산 : 사망 전 급격한 재산 유출을 방지하기 위한 제도다. 상속개시일 전 1년 이내 2억 원 또는 2년 이내 5억 원 이상의 현금을 인출하거나 자산을 처분했는데 **용도가 불분명**하다면, 그 금액의 일부(용도 불분명 금액의 80%를 초과하는 금액 등)를 상속인이 물려받은 것으로 간주해 상속세 과세가액에 산입한다.

구분	상속개시일 소급 2년 이내	상속개시일 소급 2~10년 이내	상속개시일 소급 10~15년 이내
상속추정제도	적용	적용하지 않음.	적용하지 않음.
증여추정제도	적용	적용	적용
상속추정과 증여추정의 관계	증여추정제도 적용 후 상속재산 합산		관계없음.

현금 이동이 잦은 상태에서 상속이 발생하면 위 두 제도가 결합해 상속인들을 매우 힘들게 한다. 세무 조사 시 자금 출처를 소명하지 못하면 막대한 세금 부담으로 이어지므로, 자녀 등 직계비속은 물론 사위, 며느리, 가족 법인 등과의 계좌 거래는 되도록 삼가는 것이 절세의 기본이다.

2. [실무 사례] 10억 원을 인출했을 때, 합산되는 금액은?

〈사례 분석 : 90억 원 자산가 K씨〉

• 상황 : 현금 10억 원을 다양한 방식으로 인출 및 이체함.

• 공제 한도 : 30억 원 가정(추가 현금 10억 원은 고스란히 50% 세율 적용 대상)

Q1. 인출한 돈 중 상속추정으로 합산되는 금액은?

K씨가 2년 이내에 인출한 6억 원 중 사용처가 불분명한 금액이 대상이다.

• 계산법 : (불분명 금액 6억 원) −(6억 원의 20% 또는 2억 원 중 적은 금액) = 4억 8,000만 원 합산

정부는 상속인이 모든 지출을 영수증으로 증명하기 힘들다는 점을 고려해 불분명 금액의 20% 정도는 꼬리표 없이 인정해준다.

Q2. 가족 계좌로 보낸 돈은 어떻게 되나?

2~10년 사이에 배우자와 자녀에게 보낸 2억 원은 증여추정 대상이다. 생활비나 빌려준 돈이라는 증거를 대지 못하면, 10년 이내 증여분으로 보아 증여세를 먼저 매기고 상속재산 30억 원에 그대로 얹어버린다.

Q3. 2~10년 사이에 무단 인출한 현금 2억 원은?

이것이 과세의 사각지대다. 특정인에게 입금된 기록이 없고(증여추정 불가), 사망 2년 전보다 훨씬 이전의 인출(상속추정 불가)이라면 국세청이 이를 상속재산으로 합산하기 매우 어렵다.

3. [한눈에 보는] 인출 시점별 국세청의 대응(상속세 관점)

구분	사망 전 2년 이내	사망 전 2~10년 이내	10년 초과
현금 인출	상속추정(용처 소명 필수)	추적 어려움(사각지대)	과세 제외
가족 이체	증여추정 + 상속 합산	증여추정 + 상속 합산	과세 제외
증명 책임	납세자(상속인)	납세자(상속인)	–

Expert Tip 상속추정의 그물을 피하는 법

1. 20%의 여유를 활용하십시오 : 소명하지 못한 금액의 20%(2억 원 한도)는 차감해주므로, 모든 지출을 완벽히 증빙하지 못하더라도 **80% 이상의 해명 자료**만 확보하면 상속추정액을 0으로 만들 수 있습니다.
2. 병원비와 **간병비**는 부모님 카드로 결제해야 합니다 : 자녀 카드로 결제하고 나중에 부모님 돈을 받는 방식은 증여로 오해받기 딱 좋습니다. 모든 노후 지출은 부모님 계좌에서 직접 나가게 하십시오.
3. 증여가 확인되면 먼저 신고하십시오 : 인출금이 증여로 확인되었다면 차라리 **증여세를 내는 것**이 낫습니다. 그래야 상속추정 대상에서 빠지고, 증여 시점 가액으로 합산되는 이점을 누릴 수 있습니다.

빛이라고 다 같은 빛이 아니다 : 채무 공제의 자격

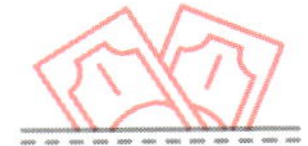

상속세는 전체 재산에서 피상속인이 갚아야 할 채무를 뺀 순재산에 대해 과세한다. 이론적으로는 빛을 늘리면 상속세가 줄어들지만, 국세청은 이를 호락호락하게 인정해주지 않는다. 특히 가족 간의 빛이나 사망 직전에 빌린 돈은 현미경 검증 대상이다. 어떤 빛이 진짜 공제 대상이 되는지 따져봐야 한다.

1. 채무 공제 시 반드시 체크해야 할 3가지 원칙

첫째, 서류가 아닌 실질이 존재하는 빛인가?

상속 개시 당시 피상속인이 갚아야 할 책임이 확정적으로 존재해야 한다. 단순히 입으로 약속했거나 개인 장부에 적어둔 빛은 인정되지 않는다. 금융거래 내역이나 공증된 계약서 등 객관적인 자료로 상속인이 **직접 증명**해야 한다.

둘째, 가족 간의 빚은 의심부터 시작한다.

배우자나 자녀에게 빌린 돈은 가장 엄격하게 심사한다. 단순히 **차용증** 한 장 있다고 인정되는 것이 아니다.

> ● 검증 포인트 :
> - 이자를 실제로 주고받았는가?
> - 원금을 조금이라도 갚은 내역이 있는가?
> - 빌린 돈을 정당한 곳(생활비, 의료비 등)에 썼는가?

셋째, 사망 전 2년 이내의 빚은 꼬리표가 붙는다.

상속 직전에 빌린 돈은 세금을 줄이려는 의도로 의심받는다. 따라서 1~2년 내 발생한 채무는 그 돈을 어디에 사용했는지 구체적인 영수증으로 입증해야 한다. 용도가 불분명하면 채무 공제는 부인되고, 오히려 상속재산으로 합산되는 독이 될 수 있다.

2. [실무 사례] K씨의 빚 3억 원, 무엇이 공제될까?

〈분석 자료 : K씨의 채무 내역〉
- 세입자 전세보증금 : 1억 원
- 자녀에게 빌린 돈 : 1억 원(사용처 : 생활비)
- 은행 대출금 : 1억 원

Q1. 전세보증금 1억 원은 안전하게 공제되나?

그렇다. 가장 확실한 채무다. 임대차계약서가 있고, 나중에 세입자에게 돌려줘야 할 확정적 채무이기 때문이다. 별도의 사용처 입증을 요구받는 경우도 거의 없어 실무적으로 가장 깔끔한 공제 항목이다.

Q2. 자녀에게 빌린 1억 원은 어떠한가?

조건부로 가능하다. 가족 간 거래이므로 진정성이 핵심이다. 차용증은 기본이며, 실제로 자녀 계좌에서 **부모님 계좌**로 돈이 들어온 내역이 있어야 한다. 만약 이자를 한 번도 안 냈거나, 사망 직전에 갑자기 빌렸다면 공제가 거부될 가능성이 매우 크다.

Q3. 금융기관 대출 1억 원은?

당연히 공제된다. 은행 대출은 계약서와 이자 납입 내역이 전산에 명확히 남으므로 국세청이 토를 달지 않는 가장 표준적인 채무 유형이다.

3. [한눈에 보는] 채무 유형별 공제 가능성 요약

채무 유형	금액	공제 여부	핵심 판단 포인트
은행 대출	1억 원	확실	금융권 증명서로 입증 완료
전세보증금	1억 원	확실	임대차계약 및 점유 사실 확인
자녀 차입금	1억 원	주의	차용증 + 이자 지급 + 실제 입금

Expert Tip **가족 간 금전소비대차, 이것만은 지켜야 합니다**

자녀에게 돈을 빌려 상속세를 줄이려는 계획이 있다면, 최소한 다음의 3가지는 갖춰야 합니다.

1. 차용증 작성 및 확정일자 : 계약을 맺었다는 객관적 시점을 증명해야 합니다.
2. 적정 이자 지급 : 세법에서 정한 적정 이율(현재 연 4.6%)을 지급하는 것이 원칙이나, 금액이 많지 않다면(약 2억 원 미만) **무상 대여**도 가능할 수 있습니다. 하지만 단돈 얼마라도 이자를 정기적으로 송금한 기록이 있는 것이 훨씬 유리합니다.
3. 용도의 명확성 : 빌린 돈을 병원비, 약값, 간병비 등 부모님을 위해 썼다는 영수증을 모아두십시오. "그냥 현금으로 가지고 있었다"라는 말은 통하지 않습니다.

상속공제를 모르면, 수억 원의 생돈을 길에 버리는 것과 같다

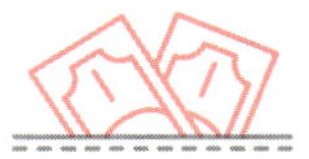

상속공제는 국가가 상속인들에게 주는 가장 강력한 **세금 할인권**이다. 공제를 많이 확보할수록 과세표준은 낮아지고 최종 세액은 극적으로 떨어진다. 하지만 이 할인권은 양도세처럼 단순하지 않다. 종류만 8가지에 달하고, 적용 순서와 한도가 복잡하게 얽혀 있어 자칫 설계가 어긋나면 눈앞에서 수억 원의 공제를 놓치게 된다.

1. 내 자산에 맞는 세금 할인권은 무엇인가?

상속공제는 크게 인적공제와 물적 공제로 나뉜다. 내 가족 상황과 재산 성격에 맞춰 어떤 조합이 유리할지 따져봐야 한다.

① 누구나 받는 기본권 : 일괄공제(5억 원)

상황을 묻지도 따지지도 않고 5억 원을 빼준다(자녀·미성년자·장애인 공제 등의 합계액이 5억 원보다 크면 그 합계를 **선택**할 수 있다).

② 절세의 핵심 보루 : 배우자공제(5~30억 원)

배우자가 생존해 있다면 최소 5억 원을 보장한다. 실제 상속받는 금액에 따라 **최대** 30억 원까지 추가 공제가 가능하므로 설계 1순위다.

③ 자산 성격별 보너스 공제
- 금융재산 상속공제 : 주식, 예금 등 순 금융재산이 있다면 최대 2억 원
- 동거주택 상속공제 : 무주택 자녀가 부모와 10년 이상 한집에서 살았다면 최대 6억 원
- 가업상속공제 : 10년 이상 일궈온 가업을 승계한다면 최대 600억 원
- 영농상속공제 : 농업 등에 종사하는 경우 최대 30억 원

2. [실무 사례] 100억 자산가 K씨, 공제만으로 세금을 절반이나 줄이다

100억 원이라는 막대한 재산도 공제 전략만 잘 짜면 과세표준을 획기적으로 낮출 수 있다.

〈분석 자료 : K씨의 상속 현황〉
- 총상속재산 : 100억 원(예금 10억 원, 10년 이상 영위 가업 주식 10억 원 포함)
- 거주 형태 : 30억 원 아파트(배우자 및 무주택 자녀와 10년 이상 동거)
- 상속인 : 배우자, 자녀 2명

Q1. 배우자공제는 얼마나 받을 수 있나?

법정 지분(42.8%)인 42.8억 원까지 대상이지만, 세법상 한도인 30억 원을 꽉 채워 공제받을 수 있다.

Q2. 배우자공제는 왜 자녀 공제보다 압도적으로 큰가?

정부는 배우자를 경제적 공동체로 본다. 배우자에게 재산이 가는 것은 완전한 세대 이전이 아니라 일종의 **과세 유예**다. 배우자 생존 기간에는 세금 부담을 줄여주되, 최종적으로 자녀 세대로 넘어갈 때 제대로 과세하겠다는 구조를 유지하고 있다.

Q3. 무주택 자녀가 함께 살던 집을 상속받는다면?

요건을 모두 충족했으므로 주택 가액 중 **6억 원**(한도)을 추가로 덜어낸다.

Q4. 평생 일궈온 가업 주식의 행방은?

가업상속공제 요건을 갖췄다면 주식 가액 10억 원 전액을 공제받아 세금 없이 물려준다.

Q5. K씨의 최종 성적표는?

• 총재산 100억 원 − 상속공제 51억 원* = 과세표준 49억 원

  * 계산 : 일괄공제 5억 원 + 배우자 30억 원 + 동거주택 6억 원 + 가업 상속 10억 원

▶ 결과 : 100억 원이라는 거액을 물려주면서도 절반 이상의 재산에 대해 세금 방어막을 쳤다.

3. [주의!] 상속공제 한도를 갉아먹는 3가지 상황

항목이 많다고 안심하면 오산이다. 다음 상황에서는 공제 혜택이 사라지는 **공제 한도 적용**의 덫에 걸릴 수 있다.

- 사전증여의 역습 : 사망 전 증여가 너무 많으면 상속공제 한도액이 줄어든다. 실무에서 가장 빈번하게 발생하는 절세의 역효과다.
- 제삼자에게 유증 : 상속인이 아닌 손주나 지인에게 유언으로 재산을 주면 그만큼 공제 한도가 깎인다.
- 무리한 상속 포기 : 상속인이 권리를 포기하고 다음 순위자가 받을 때도 공제 한도에 불이익이 생길 수 있다.

Expert Tip **공제 전략의 골든 타임은 지금입니다**

상속공제는 단순히 숫자를 더하는 작업이 아니라 **최적의 조합**을 찾는 전략입니다.

1. 배우자공제를 1순위로 극대화하십시오.
2. 동거주택이나 가업 상속은 10년이라는 긴 세월의 증빙(동거 기록, 종사 기록)이 필요하므로 미리 준비하는 자만이 누릴 수 있는 특권입니다.
3. 사망 직전 **금융재산 공제(2억 원)**를 받겠다고 부동산을 급매하는 것은 양도세와 취득세 폭탄을 맞을 수 있으니 반드시 실익을 따져야 합니다.

국세청에 주도권을 뺏기지 않으려면 감정평가하라

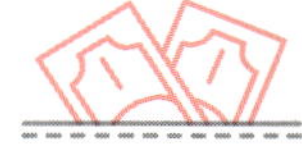

상속재산과 공제가 확정되면 이제 가장 중요한 관문이 남는다. 바로, '부동산의 몸값을 얼마로 정할 것인가'이다. 많은 이들이 세금을 줄이려 기준시가(공시가격)를 고집하지만, 이는 오히려 국세청이라는 사자를 깨우는 위험한 선택이 될 수 있다. 때로는 자발적인 감정평가가 상속세뿐만 아니라 추후 양도세까지 해결하는 **신의 한 수**가 된다.

1. 내 돈 들여 감정평가를 받아야 하는 3가지 이유

첫째, 국세청의 직권 감정을 선제적으로 차단하기 때문이다.

기준시가로 낮게 신고하면 국세청은 직접 감정평가법인을 선정해 시가를 재산정한다. 이 경우, 납세자는 방어 기회도 없이 국세청이 매긴 높은 가액대로 세금을 내야 한다. 내가 먼저 평가를 받으면 평가의 주도권을 가져올 수 있다.

둘째, 추후 양도세를 미리 줄이는 예방주사이기 때문이다.

상속세 신고가액은 나중에 해당 부동산을 팔 때의 취득가액이 된다. 지금 상속세를 조금 더 내더라도 감정평가를 통해 가액을 높여두면, 나중에 부동산을 팔 때 양도세 절세 효과가 상속세 부담보다 훨씬 클 수 있다.

셋째, 매매사례가액의 불확실성을 제거하기 때문이다.

아파트와 달리 상가나 토지는 유사한 거래를 찾기 어렵다. 국세청이 억지로 끼워 맞춘 매매사례가액으로 뒤통수를 맞느니, 공신력 있는 감정가액으로 **확정된 시가**를 만드는 것이 안전하다.

2. [실무 사례] 어떤 부동산을 감정평가해야 할까?

〈K씨의 상속재산 목록〉
• A 주택 : 기준시가 10억 원 / 실제 시세 20억 원(시세 차이 10억 원)
• B 토지 : 공시지가 2억 원 / 시세 모름
• C 상가 : 기준시가 2억 원 / 실제 시세 5억 원(시세 차이 3억 원)

Q1. 그냥 기준시가(총 14억 원)로 신고하면 안 되나?

위험하다. 특히 A 주택은 시세와 기준시가 차이가 5억 원 이상 벌어져 있어 국세청의 **직권 감정평가** 타깃 1순위다. 가만히 있다가 국세청이 매긴 20억 원으로 세금을 내는 것보다 미리 감정평가를 받아 적정가액으로 신고하는 것이 유리할 수 있다(단, 최종 의사결정은 반드시 전문 세무사를 통하는 것이 사후적으로 좋다).

Q2. KB시세나 포털 사이트 시세로 신고하면 인정되나?

아니다. 세법상 시가가 아니다. 시세표는 확실한 가액이 아닌 추정치에 불과하기 때문이다. 국세청이 인정하는 시가는 오직 매매사례가액, 감정가액, 수용·경매가액뿐이다. 아파트를 포함해 감정평가가 가장 확실한 대안이다.

Q3. 상속 후 1년 뒤에 팔 계획이라면?

B 토지와 C 상가를 주목하라. 지금 기준시가(2억 원)로 신고하면 나중에 5억 원에 팔 때 차익 3억 원에 대한 양도세를 내야 한다. 하지만 지금 감정평가를 받아 5억 원으로 신고해두면(상속세 공제 한도 내라면), 나중에 팔 때 양도세는 0원이 된다.

3. [전략 표] 감정평가, 해야 할까 말아야 할까?

구분	감정평가로 신고할 것!	기준시가로 신고해도 무방
부동산 유형	꼬마빌딩, 아파트, 토지, 다가구주택	저가 부동산
시세 차이	시세와 기준시가 차이가 5억 원 이상	시세와 기준시가가 비슷함.
향후 계획	상속 후 조만간 매도할 계획	평생 보유하거나 거주할 집
절세 목표	양도세를 미리 줄이고 싶을 때	당장 상속세 납부가 부담될 때

※ 상황별 부동산 신고 가이드

구분	절대 안 됨! (시가 신고)	문제없음 (기준시가 가능)	오히려 좋음 (전략적 선택)
대상 부동산	거래 활발한 아파트, 고가 빌딩	지방·비인기 지역 토지	저가 주택, 소액 부동산
시세 차이	기준시가와 차이가 매우 큼.	차이가 미미함.	차이가 크지만, 상속세가 낮음.

구분	절대 안 됨! (시가 신고)	문제없음 (기준시가 가능)	오히려 좋음 (전략적 선택)
국세청 태도	정밀 검증 및 직권 감정 대상	감정평가 대상에서 제 외될 확률 높음.	실익이 없어 그대로 수용
향후 양도 전략	양도세 취득가액 선 확보	일반적인 처분	양도 시점에 감정가로 상향

※ 아파트를 기준시가로 신고하면 벌어지는 일들

국세청은 기를 쓰고 시가를 찾기 위해 다음과 같이 조처하게 된다.

- 단지 내의 유사한 재산의 매매사례가액을 찾는다.
- 매매사례가액이 많은 경우, 기준시가가 가장 근접한 아파트의 거래가액을 찾는다(신고자는 국세청 홈택스에서 찾을 수 있으나, 신고 후에 새로운 사례가액이 나타나서 불완전한 신고가 될 수 있다).
- **매매사례가액**이 밝혀지면 기준시가 신고는 부인되고 시가로 상속세가 추징된다. 이때 평가오류에 의한 가산세는 없다.
- 만일 매매사례가액이 밝혀지지 않으면, 국세청이 감정평가를 받은 금액으로 신고가액을 경정하게 된다. 이 경우에도 가산세는 없다.

> **Expert Tip** 주도권을 빼앗기지 마십시오
>
> 1. 감정평가를 자발적으로 하지 않으면 **주도권**을 국세청에 뺏기게 됩니다. 국세청이 의뢰하는 감정평가는 납세자에게 우호적이지 않을 가능성이 큽니다. 평가 시점이나 비교사례 선택권을 국세청이 갖게 되기 때문입니다.
> 2. 특히 상가나 **꼬마빌딩**을 보유하고 있다면, 기준시가 신고 후 국세청의 처분만 기다리기보다 전문 세무사와 상의해 선제적으로 감정평가를 받는 것이 불필요한 분쟁을 막는 지름길입니다(단, 최근의 법원에서 제동을 건 사실은 기억하시겠지요? 제2장의 절세 탐구를 참조하세요).

상속세 무신고, 아무 일도 안 일어나는 선택이 아니다

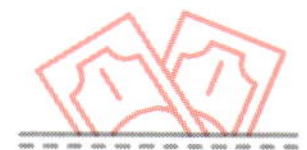

상속세 신고는 사망일이 속한 달의 말일부터 6개월 이내에 해야 한다. 어떤 이들은 재산이 공제 한도(보통 10억 원) 미만이라며 신고를 아예 생략하기도 한다. 법적으로는 세액이 없으면 가산세도 없지만, 실무적으로 무신고는 **내 재산의 통제권을 국세청에 통째로 넘기는 행위**와 같다.

1. 무신고를 하면 시차를 두고 벌어지는 일들

① 국세청의 주도로 조사가 시작된다.

국세청 전산에는 이미 고인의 부동산, 금융 계좌, 보험금 내역이 들어와 있다. 신고가 없으면 국세청은 '왜 신고를 안 했지?'라는 의문을 품고 직권 조사를 결정한다.

② 재산 평가의 주도권을 완전히 상실한다.

내가 신고하지 않으면 국세청이 직접 시가를 산정한다. 국세청이 선정한 감정평가법인이 매긴 금액에 대해 상속인은 뒤늦게 **항변**하기 매우 어렵다.

③ 가산세라는 불청객이 찾아온다.

분명 세금이 없을 줄 알았는데, 국세청 조사 과정에서 몰랐던 사전증여나 용도 불분명 자금이 튀어나오면 상황이 바뀐다. 이때는 본세뿐만 아니라 무신고가산세와 납부지연 **가산세**까지 한꺼번에 쏟아진다.

④ 가족 간 '누가 숨겼나?' 하는 분쟁이 터진다.

공식적인 신고 절차를 거치지 않으면 재산 내역이 투명하게 공유되지 않는다. 나중에 몰랐던 재산이 국세청을 통해 드러나면 형제들 사이에 **"누가 미리 빼돌렸느냐?"** 라며 싸움이 난다.

2. [실무 사례] 상속세 0원인 K씨, 그래도 신고해야 할까?

〈분석 자료 : K씨의 상속 현황〉
• 상속재산 : 주택 5억 원 + 현금 5,000만 원(총 5.5억 원)
• 예상 공제 : 10억 원(배우자와 자녀가 있는 경우)

Q1. 산술적으로 세금이 0원인데, 신고 안 해도 불이익이 없나?

단순히 이 숫자만 보면 가산세는 없다. 하지만 **사전증여**라는 변수가 있다면 이야기가 달라진다. 만약 5년 전 자녀에게 10억 원을 준 사실이 나중에 국세청 조사로 밝혀지면, 상속재산은 15.5억 원이 되어 거액의 상속세와 가산세를 두들겨 맞게 된다. 미리 신고했다면 가산세라도 줄일 수 있었다.

Q2. 나중에 집을 팔 계획이라면 무신고가 독이 된다?

그렇다. 가장 큰 손해다. 상속받은 5억 원짜리 집을 신고하지 않으면 나중에 팔 때 취득가액이 기준시가로 잡힌다. 하지만 세금이 0원일 때 감정평가를 받아 8억 원으로 신고해두면, 상속세는 여전히 0원이면서 나중에 팔 때 양도차익 3억 원을 미리 **줄여두는 효과**를 본다.

3. [체크리스트] 상속세가 없어도 반드시 신고해야 하는 5가지 유형

유형	이유
1. 고가 부동산 보유	국세청의 직권 감정평가 1순위 타깃이기 때문
2. 보험금·연금이 많은 경우	국세청 전산에 이미 노출되어 숨길 수 없기 때문
3. 사전증여가 있었던 경우	합산과세로 인한 가산세 폭탄을 막아야 하기 때문
4. 향후 매도 계획이 있는 경우	감정평가를 통해 양도세 취득가액을 높여야 하기 때문
5. 상속인 간 갈등이 있는 경우	국세청을 통해 재산을 확정 짓는 것이 분쟁 예방의 지름길이기 때문

Expert Tip 신고는 방어이자 공격입니다

많은 납세자가 상속세 신고를 세금을 내는 행위로만 생각합니다. 하지만 전문가의 시각에서 신고는 2가지 의미가 있습니다.

- 방어 : 국세청의 갑작스러운 조사와 가산세로부터 나를 지키는 것
- 공격 : 감정평가를 통해 취득가액을 높여 미래의 양도세를 선제적으로 격파하는 것

'세금이 안 나올 것 같으니 안 하겠다'라는 생각은 절세의 기회를 스스로 발로 차는 것과 같습니다.

상속세, 제삼자가 대납해도 증여세가 없는 이유

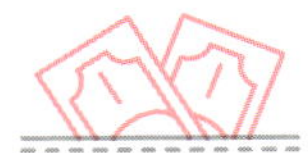

상속세 상담의 70%는 "세금이 얼마냐"가 아니라 "낼 현금이 없다"에서 시작된다. 평생 일궈온 집과 땅은 자녀들에게 남겨졌지만, 당장 국세청에 보낼 현금이 부족해 비극이 시작되는 것이다. 이때 우리는 세법이 허용하는 **연대납세의무**와 **분납 제도**라는 구명보트를 정확히 활용해야 한다.

1. 상속세를 납부하는 4가지 구명보트

상속세는 현금 일시납이 원칙이지만, 현실적인 어려움을 고려해 다음과 같은 예외를 두고 있다.

① 2회 분납(단기 자금 부족 시)

세액이 2,000만 원을 초과하면 2개월에 걸쳐 나누어 낼 수 있다. 이자가 붙지 않는 가장 깔끔한 방법이다.

② **연부연납**(장기전이 필요할 때)

최대 10년간 나누어 내는 방식이다. 담보를 제공해야 하고 연 3.1%(매년 달라짐) 수준의 이자(가산금)가 붙지만, 부동산을 급매하지 않고 시간을 벌 수 있는 유일한 대안이다.

③ **물납**(현금이 도저히 없을 때)

부동산이나 주식으로 세금을 대신 내는 방식이다. 하지만 국세청의 심사가 매우 까다롭고 시가보다 낮게 평가받을 위험이 있어 최후의 수단으로 여겨진다.

④ **연대납**세의무(전략적 대납)

상속인들은 각자 받은 재산 범위 내에서 전체 상속세를 함께 책임진다. 즉, 자녀의 세금을 배우자(어머니)가 대신 내줘도 이를 증여로 보지 않는다.

2. [실무 사례] 배우자의 대납, 왜 최고의 절세인가?

〈분석 자료 : K씨 가문의 상속 분배〉
• 총상속세 : 10억 원
• 상속재산 : 배우자 15억 원, 자녀 2명 각 20억 원(합계 40억 원) 증여

Q1. 자녀들이 낼 상속세 약 7억 원을 배우자가 전액 내준다면?

증여세 걱정 없이 가능하다. 상속세는 상속인 전원이 연대해 책임지는 세금이기 때문이다. 배우자가 자녀의 세금을 대신 내주는 것은 법적 의무를 이행한 것이지, 자녀에게 돈을 준(증여) 것이 아니다.

Q2. 배우자의 대납이 왜 전략적인가?

2마리 토끼를 잡는 행위다.
첫째, 자녀는 자신의 현금을 지킬 수 있고,
둘째, 배우자의 재산은 세금 납부만큼 줄어든다.
이는 나중에 배우자가 사망했을 때 발생할 2차 상속세를 미리 줄여
두는 효과가 있다. 전문가들이 **"배우자 재산부터 써서 세금을 내라"**라
고 조언하는 이유다.

Q3. 연부연납 이자는 얼마나 되나?

첫해에 원금 1억 원과 잔액(5억 원 가정)에 대한 이자 **3.1%(매년 변동)**를
합치면 약 1.15억 원을 내게 된다. 해가 갈수록 갚아야 할 원금이 줄어
들기 때문에 이자 부담도 함께 낮아지는 구조다.

3. [한눈에 보는] 상속세 납부 방식 비교

구분	2회 분납	연부연납	물납
기간	2개월	최대 10년	즉시(현물 납부)
이자(가산금)	없음	연 3.1%(변동)	없음
담보 제공	불필요	필수	국세청 승인 필수
추천 대상	현금 확보가 곧 될 분	장기적 자금 계획 필요	현금이 아예 없는 분

대비하지 않은 무신고·무납부의 끝은 참혹합니다.

1. 납부지연가산세 폭탄 : 매일매일 이자가 눈덩이처럼 불어납니다. 단순 연체와 차원이 다릅니다.

2. 압류의 시작 : 국세청은 가장 먼저 부동산과 예금을 압류합니다. 월세 보증금까지 압류 대상이 될 수 있습니다.

3. 강제 공매와 가족 분쟁 : 압류된 집이 공매로 넘어가 시세보다 헐값에 팔리게 되면, 상속인들은 서로의 탓을 하며 가족 관계마저 **파탄**에 이르게 됩니다.

"현금이 부족하다면 지금 당장 연부연납과 **배우자 대납**이라는 카드를 꺼내십시오."

상속세 신고는 끝이 아니라
조사의 시작이다

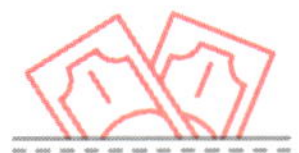

소득세나 법인세는 내가 신고하고 세금을 내면 일단 상황이 종료된다. 하지만 상속세는 다르다. 상속세는 납세자가 신고하면 국세청이 그 내용이 맞는지 현미경 검증을 거쳐 최종적으로 세액을 결정하는 정부 결정 방식을 택하고 있다. 즉, 상속세에서 세무 조사는 탈세범을 잡는 특별 검문이 아니라, 세금을 확정 짓기 위한 필수 통과 의례에 가깝다.

1. 왜 상속세 뒤에는 반드시 조사가 따를까?

첫째, 국세청이 최종 결정권자이기 때문이다.

상속세는 신고가 끝이 아니라 검증의 시작이다. 전문가가 신고했더라도 국세청은 법령에 따라 그 내용이 적정한지 확인하고 최종 도장을 찍어야만 비로소 납세의무가 종결된다.

둘째, 나도 모르는 재산이 튀어나올 확률이 높기 때문이다.

상속세는 고인이 사망 당시 가진 재산만 보는 게 아니다. 지난 10년

간의 계좌 이체 내역, 숨겨진 차명재산, 보험금, 퇴직금까지 훑는다. 고의가 없더라도 누락되거나 잘못 평가될 요소가 워낙 많아 국세청으로서는 조사를 안 할 수가 없다.

셋째, 공제와 평가의 오류가 빈번하기 때문이다.

배우자공제 요건을 착각하거나, 부동산 시가 평가를 잘못하는 경우가 허다하다. 특히 공제는 **잘 쓰면 약, 못 쓰면 독**이라 국세청은 이를 재검토해 잘못된 공제를 걸러낸다.

2. [실무 사례] 상속세 조사, 이것이 궁금하다!

Q1. 자산 규모에 따라 조사의 강도가 다른가?

그렇다. 보통 상속재산이 30억 원(절대적 기준은 아님) 이상이거나 자금 흐름이 복잡한 경우, 일선 세무서가 아닌 지방국세청 조사국에서 직접 나선다. **지방청 조사**는 훨씬 정밀하고 강력하므로 고액자산가라면 이에 걸맞은 철저한 대비가 필요하다.

Q2. 국세청이 뒤늦게 감정평가를 해서 세금을 추징하면 가산세 폭탄인가?

의외로 그렇지 않다. 신고 당시에 알 수 없었던 시가를 국세청이 나중에 확정한 경우라면 신고불성실가산세와 납부지연가산세 모두 **면제**된다. 납세자의 잘못이 아니라고 보기 때문이다(단, 고의적인 불성실 신고 시는 가산세 있음). 참고로 배우자공제 오류 등 사실관계 판단 착오 시 **납부지연가산세**는 붙을 수 있다.

Q3. 세금을 너무 많이 냈다면 돌려받을 수도 있나? (경정청구)

당연하다. 신고 후 5년 이내라면 평가오류나 공제 누락을 이유로 **경정청구**를 할 수 있다. 특히 상속 후 1년 이내에 땅이 수용되어 가액이 폭락하거나, 상속 분쟁으로 재산 귀속이 바뀌면 특례 규정을 통해 세금을 돌려받을 수 있다.

3. [국세청 AI의 진화 단계]

국세청의 AI 시스템은 이제 단순한 전산 기록 조회를 넘어, **인간 세무 조사관보다 더 날카로운 예측과 추론**의 단계로 진입하고 있다.

① [현재] 촘촘한 그물망 : "데이터는 이미 다 모였다"
현재 국세청 시스템(NTIS)은 이미 개인의 거의 모든 경제 활동을 실시간으로 수집한다.

- 소득과 지출의 불일치(PCI) 자동 분석 : "이 사람은 연봉이 6,000만 원인데, 어떻게 3년 만에 10억 원짜리 집을 샀을까?"를 AI가 즉시 포착함.
- 가족 간 계좌 이체 분석 : 과거에는 무작위 추출이었다면, 이제는 AI가 가족 관계도와 자금 흐름을 대조해 차입금으로 위장한 증여를 90% 이상 잡아냄.

② [가까운 미래] 지능형 추론 : "감정평가와 유사 사례를 찾아낸다"
AI가 **비교**를 시작했다.

- 유사 매매사례가액 자동 매칭 : 내가 아파트를 공시가격으로 신고해도, AI가 주변 단지에서 가장 비싸게 팔린 실거래가를 자동으로 찾아내어 상속세액을 재계산

- 빅데이터 기반 감정평가 타깃팅 : 전국의 빌딩 매매 데이터를 학습한 AI가 "이 건물은 저가 신고의 확률이 95%입니다"라고 조사관에게 알람을 보냄. 조사관은 AI가 찍어준 건물만 감정평가해서 세금을 추징

③ [최종 단계] 행동 예측과 가상 시나리오 : "세무 조사 사전 예고"
앞으로 진화할 국세청 AI는 **예측 모델**을 가동할 것으로 보인다.

- 상속 발생 전 자산 유출 추적 : 고령의 자산가가 사망하기 1~2년 전부터 현금이 인출되거나 부동산 명의가 분산되는 패턴을 AI가 실시간 모니터링
- 디지털 발자국(Digital Footprint) 분석 : SNS에 올린 고가 사치품 사진, 해외여행 기록, 신용카드 결제 위치 데이터를 종합해 신고되지 않은 자금원이 어디에 있는지 추론
- 가상 세무 조사 : 실제 조사를 나가기 전, AI가 해당 자산가의 10년 치 데이터를 시뮬레이션해 **조사 시 예상 추징액**은 0억 원이라는 결과표를 먼저 뽑아냄.

4. [체크리스트] 상속세 세무 조사 생존 전략 대비

대비 항목	핵심 실행 계획
부동산 평가	'왜 당시에는 시가가 없었는지' 논리적 근거 자료 확보
배우자공제	요건 충족 여부를 전문가와 함께 사전 체크리스트로 검증
금융 계좌	조사관이 묻기 전에 10년 치 계좌 흐름과 사용처를 미리 정리
마음가짐	조사는 피하는 것이 아니라 전제로 준비하는 것임을 인식

Expert Tip　세무 조사는 정답지를 맞추는 과정입니다

1. 세무 조사를 무서워할 필요는 없습니다. 세무 조사는 국세청과 납세자가 머리를 맞대고 상속재산의 정확한 가치를 확정 짓는 과정입니다.

2. 전문가를 통해 신고 전부터 조사를 시뮬레이션합니다.

3. 애매한 항목은 근거 자료를 꼼꼼히 챙겨두면 조사는 오히려 **불확실성을 끝내는 후련한 절차**가 될 수 있습니다.

2025년 12월, 상속세 실무 현장을 뒤흔든 역사적 판결이 나왔다. 서울행정법원이 국세청이 시행령을 앞세워 꼬마빌딩 등을 강제로 감정평가해 세금을 더 걷어온 제도에 대해 '**법적 근거 자체가 무효**'라는 철퇴를 가한 것이다. 이제 상속세 분쟁은 "얼마가 맞느냐?"라는 가격 싸움을 넘어, "**국세청이 평가할 권한이 있느냐?**"라는 권한 싸움으로 이동했다.

1. 법원이 국세청의 손을 꺾은 3가지 이유

그동안 국세청은 시행령을 근거로 상속 후 6개월이 지난 부동산도 자기들 마음대로 감정평가해 세금을 매겨왔다. 법원은 이를 다음과 같은 이유로 위법이라 판단했다.

① "시행령이 법 위에 군림했다" (조세법률주의 위반)

상증법(법률)은 상속 전후 6개월 이내 가액만 시가로 인정하는데, 시행령이 이를 마음대로 연장한 것은 입법권 침해다.

② "국세청만 유리한 불공정 게임이다" (평등원칙 위배)

납세자는 상속 전후 6개월 내에만 시가를 입증할 수 있는데, 국세청은 자기들 입맛에 맞게 기한을 넘겨서도 평가할 수 있다는 것은 명백한 차별이다.

③ "언제 매 맞을지 모르는 공포" (예측 가능성 결여)

내 집이 언제 감정 대상이 될지 납세자가 전혀 알 수 없는 구조는 조세법의 기본인 예측 가능성을 파괴한 행위다.

2. 판결 이후, 상속세 판도가 뒤집힌다(전망)

- 진행 중인 소송의 반전 : 유사한 소송 100여 건에 대해 이번 판결은 흐름을 뒤집는 **첫 판례**가 된다. 대법원에서 확정될 경우, 과거에 억울하게 낸 세금을 돌려받는(환급) 사태가 벌어질 수 있다.

- 조세심판원의 변화 : "평가액이 적정한가"라는 사실 판단이 아니라 "제도가 위법한가"라는 법리 문제이므로, 심판원에서도 납세자의 손을 들어줄 확률이 매우 커졌다.

- 국세청의 행정 마비 : 예산을 증액하며 대대적으로 추진하던 감정평가 사업의 법적 토대가 흔들려 **전면 재검토**가 불가피해졌다.

3. [긴급 진단] 당신이 취해야 할 3대 대응 전략

상황	대응 전략(Action Plan)
이미 추가 과세된 경우	즉시 불복(경정청구/소송)을 검토하라. 본 판결의 시행령 위법성 논리를 원용해 대응해야 한다.
현재 상속 신고 준비 중	분쟁을 각오하고 기준시가로 신고하라. 국세청이 감정평가를 밀어붙일 경우, 가산세 부담 없이 소송으로 갈 수 있는 길이 열렸다.
빠른 종결을 원할 경우	자발적으로 감정평가를 받아라. 국세청에 주도권을 주지 않고 내가 산정한 가액으로 신고를 마무리하는 가장 깔끔한 방법이다.

Expert Tip **세무사는 이제 전략가가 되어야 합니다**

1. 국세청의 대응 시나리오 : 국세청은 대법원까지 **항소**하며 시간을 끌 가능성이 큽니다. 하지만 헌법과 법률을 위반했다는 판단을 뒤집기는 쉽지 않을 것입니다.
2. 납세자의 무기 : "시행령은 법률의 위임 범위를 벗어났다"라는 논리는 이제 여러분의 강력한 **방패가** 될 것입니다.
3. 세무사는 전략가 : 단순히 세금을 계산해주는 시대는 지났습니다. 이제 세무사는 행정입법의 한계를 분석하고 소송의 쟁점을 설계하는 **전략가** 역할을 해야 합니다.

제 3 장

[개인 편] :
증여와 상속 사이 최적의
균형점 찾기

우리 집은 해당 없겠지?
개인이 자주 하는 7가지 상속 착각

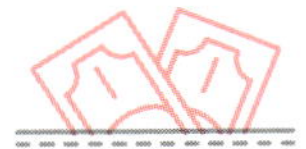

상속세는 흔히 재벌이나 고액자산가들만의 전유물로 여겨진다. 하지만 실제 상담 현장에서 마주하는 안타까운 사례들은 대부분 '설마 우리 집이?'라고 방심했던 평범한 이웃들이다. 상속세는 제도를 몰라서가 아니라, 잘못된 상식(착각) 때문에 폭탄이 되어 돌아온다. 당신의 재산을 위협하는 치명적인 착각 7가지를 짚어보자.

1. 개인을 위협하는 7가지 상속 착각

• 착각 1 : "사는 집 외에는 재산이 없으니 안전하다"

상속세는 단순히 재산 총액만 보지 않는다. 부동산 급등기에는 서울의 웬만한 아파트 한 채만으로도 공제 한도를 훌쩍 넘긴다. 시가, 합산, 추정, 사전증여라는 네 바퀴가 굴러가기 시작하면 **내 집 한 채**는 순식간에 고액 과세 대상이 된다.

• 착각 2 : "자식들에게 미리 다 줬으니 걱정 없다"

상속세는 과거에 없어진 재산에도 과세하는 세금이다. 사망 전 10년 이내에 자녀에게 준 돈은 고스란히 상속재산에 합산된다. 몸집을 줄였다고 믿는 순간, 국세청은 과거의 장부를 들춰낸다.

• 착각 3 : "문제 생기면 그때 가서 해결하면 된다"

가장 위험한 생각이다. 상속은 **사후 설계가 불가능한 세금**이다. 숨을 거두는 순간 절세의 문은 닫히고, 남겨진 가족에게는 분쟁의 시간만이 기다린다.

• 착각 4 : "배우자가 다 받으면 상속세는 안 나온다"

배우자공제가 강력한 것은 사실이다. 하지만 이는 **조건부 혜택**이다. 기한 내에 실제로 재산을 분할하고 신고하지 않으면 혜택은 사라진다. 또한, 분할 비율을 두고 자녀와 유류분 분쟁이라도 생기면 공제 자체가 흔들린다.

• 착각 5 : "생활비로 인출한 돈은 세금이 없다"

단순 **생활비**나 치료비는 증여가 아니다. 하지만 이 자금이 자녀의 주택 구입 자금이나 주식 투자금으로 탈바꿈하는 순간, 국세청은 이를 증여세와 상속세로 추징한다.

• 착각 6 : "기준시가(공시가격)로 신고하면 안전하다"

기준시가는 편의적 기준일 뿐이다. 국세청이 마음먹고 감정평가를 하면 사후에 얼마든지 세금이 늘어날 수 있다. 꼬마빌딩, 다가구주택, 토지는 국세청 감정평가의 **1순위 타깃**이다.

• 착각 7 : "전문가에게 맡기면 나는 몰라도 된다"

가족의 자금 흐름과 재산 구조를 가장 잘 아는 사람은 본인이다. 전문가는 당신이 준 자료 안에서만 움직인다. 상속은 전문가가 대신해주는 문제가 아니라, 전문가와 **함께** 풀어야 하는 공동 과제다.

2. [실무 사례] "재산이 얼마쯤 있어야 상속세를 내나요?"

Q1. "10억 원 이하면 안전하다"라는 기준, 믿어도 될까?

정확한 기준선은 존재하지 않는다. 배우자 유무, 자녀 수, 사전증여 기록, 재산의 종류(현금 vs 부동산)에 따라 결과가 완전히 달라지기 때문이다. 같은 10억 원이라도 어떤 집은 0원이고, 어떤 집은 수천만 원을 낸다. 금액 하나로 안심하는 것이 가장 위험하다.

Q2. 부모님이 건강하신데 벌써 준비하는 게 불효 아닐까?

오히려 부모님의 소중한 자산을 지키고 자녀들의 우애를 보전하는 가장 큰 효도다. 상속 개시 이후에는 할 수 있는 일이 거의 없다. 미리 준비하지 않으면 국세청이 설계한 대로 세금을 낼 수밖에 없다.

Expert Tip 절대 안전한 기준은 없다! 지금 당장 점검할 5가지

다음 항목 중 하나라도 해당한다면, 당신은 이미 상속 설계가 필요한 상태입니다.
1. 부동산을 보유하고 있는가? (특히 수도권 아파트나 토지)
2. 생전에 자녀에게 5,000만 원 이상 건네준 적이 있는가?
3. 임대보증금이나 고액의 금융재산이 있는가?
4. 가족 간 계좌 이체나 자금 거래가 **잦은 편**인가?
5. 보유 자산 중 감정평가 대상이 될 만한 빌딩이나 상가가 있는가?

거주용 1주택은 비과세?
당신이 몰랐던 상속세 시가 평가의 민낯

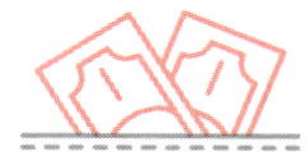

상속세는 준비가 된 사람보다 **내가 왜 준비해야 하는지 모르는 사람**에게 더 잔혹한 세금이다. 특히 평생 집 한 채만 일궈온 분들은 "집 한 채뿐인데 무슨 상속세냐"라며 방심하곤 한다. 하지만 실제 상속 현장에서 가장 많은 사례는 바로 이 1주택자들이다. 그들이 놓치고 있는 치명적인 진실은 무엇일까?

1. 1주택자도 상속세를 피할 수 없는 3가지 이유

첫째, 단기간에 급등한 바람에 대책을 세울 수 없었기 때문이다. (환경적)

평생 실거주하며 집값이 오르길 바랐지만, 정작 상속 준비를 하기도 전에 공제 한도를 훌쩍 넘겨버린 경우가 많다. 자산 가치의 **상승 속도**를 세법의 면제 혜택이 따라가지 못하면서 발생하는 현상이다.

둘째, 특히 수도권 1주택은 국세청의 집중 관리 대상이기 때문이다. (행정적)

최근 세무행정은 다주택자보다 오히려 고가 1주택자, 특히 **서울·수**

도권의 아파트나 상업지역 주택을 정밀하게 들여다본다. 필요하다면 국세청이 직접 감정평가를 해서라도 시가를 찾아내 과세한다.

> ● 최근 초 급등한 고가의 아파트, 누군가에는 희소식이지만 누군가에게는 날벼락이 된다(보유세 급증, 상속세 급증).

셋째, 가족 구조에 따라 공제액이 춤을 추기 때문이다. (제도적)

똑같은 집이라도 배우자가 있느냐 없느냐, 자녀가 몇 명인가에 따라 공제액은 수억 원씩 차이 난다. 준비 없이 지분을 나누면 받을 수 있는 배우자공제조차 제대로 챙기지 못하게 된다.

2. [실무 사례] 20년 전 5억 원에 산 아파트, 지금은?

〈분석 자료 : K씨의 자산 현황〉

• 주택 : 20년 전 5억 원 취득 → 현재 시가 30억 원
• 금융재산 : 2억 원
• 가족 : 배우자, 자녀 4명(배우자 법정 지분 약 27%)

Q1. 집 한 채인데 상속세가 정말 나오나?

그렇다. 총상속재산은 32억 원(주택 30억 원 + 현금 2억 원)으로 평가된다. 배우자가 있더라도 일괄공제와 배우자공제 한도를 고려하면 세금을 피하기 어렵다. 특히 자녀가 많을수록 배우자의 법정 지분율이 낮아져, 배우자공제 한도가 줄어드는 역설적인 상황이 발생한다.

Q2. 예상 상속세가 5억 원이라면, 어떻게 내야 하나?

K씨의 현금 자산은 2억 원뿐이다. 세금 5억 원을 내기 위해서는 부

족한 3억 원을 위해 집을 팔거나, 거액의 대출을 받아야 하는 상황에 놓인다. 평생을 바쳐 지킨 집이 상속세 때문에 남의 손에 넘어갈 수 있다는 뜻이다.

3. [전략 비교] 생전 이전(증여·매매) vs 사후 승계(상속)

구분	사전증여(생전)	사전매매(생전)	상속(사후)
적용 시점	살아계실 때	살아계실 때	사망 시
과세 세목	증여세	양도세	상속세
과세 기준	시가(증여가액)	실제 거래가액	사망 시 시가
세 부담	장기 분산 증여 가능	비과세 혜택 활용 가능	일시에 집중됨.
장점	향후 가치 상승분 절세	현금 흐름 확보	준비가 필요 없음.
단점	즉시 현금 유출 발생	자금 출처 조사 위험	현금 부족 시 급매·경매

Expert Tip **1주택자라면 지금 당장 시세를 확인하세요**

1. '어떻게 되겠지'라는 안일함이 가장 큰 적입니다.
2. KB시세나 실거래가를 통해 우리 집의 **진짜 몸값**을 확인하십시오.
3. 만약 그 가액이 배우자공제와 일괄공제 합계액을 상회한다면, 지금 당장 사전증여나 매매 전략을 세무 전문가와 상담해야 합니다.
4. 특히 자녀가 많다면 배우자에게 미리 지분을 증여해 명의를 **분산**해두는 것만으로도 나중에 발생할 상속세의 앞자리가 달라집니다.

사전증여 했으니 안심해도 된다?
10년의 덫

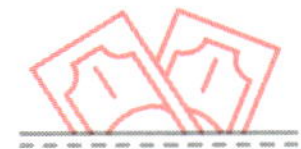

상속세가 무섭다는 소리를 듣고 부랴부랴 **사전증여**라는 칼을 빼 드는 분들이 많다. 하지만 증여가 항상 상속세를 줄여주는 마법의 지팡이는 아니다. 때로는 증여를 안 하느니만 못한 결과가 나오기도 한다. 사전증여가 독이 되지 않기 위해 반드시 알아야 할 변수들을 짚어본다.

1. 사전증여의 성패를 가르는 3가지 변수

첫째, 10년이라는 시간의 덫

상속세 법망은 촘촘하다. 증여했다고 해서 바로 내 재산에서 빠지는 게 아니다.

- 상속인(자녀·배우자) : 사망 전 10년 이내 증여분 합산
- 비상속인(며느리·사위·손주) : 사망 전 5년 이내 증여분 합산

이 기간 내에 사망하면 국세청은 그 재산을 아직 안 준 것으로 간주해 상속세 계산기에 다시 집어넣는다.

둘째, 자산 가치의 상승인가, 하락인가?

가장 중요한 포인트이다. 합산되는 증여재산 가액은 사망 시점이 아니라 **증여 당시의 가액**을 기준으로 한다.

- ▶ 성공 : 5억 원일 때 증여했는데 사망 시 10억 원이 되었다면?
  차액 5억 원은 상속세 없이 넘어간다.

- ▶ 실패 : 5억 원일 때 증여했는데 가치가 폭락해 3억 원이 되었다면?
  국세청은 여전히 5억 원을 기준으로 상속세를 매긴다.

셋째, 상속공제 한도를 갉아먹는가?

과도한 사전증여는 상속세에서 가장 강력한 혜택인 배우자공제의 활용 폭을 줄이고 전체 상속공제 한도를 **축소**할 수 있다.

2. [실무 사례] 부동산은 웃고, 주식은 울었다?

〈분석 자료 : 5년 전 증여 내역〉
- 증여자 : 남편 / 수증자 : 아내
- 5년 전 증여가액 : 부동산 5억 원 + 주식 2억 원 = 총 7억 원
- 현재 가액 : 부동산 10억 원 + 주식 1억 원 = 총 11억 원

Q1. 지금 남편이 사망한다면, 상속재산에 합산되는 금액은?

현재 가치인 11억 원이 아니라, 증여 당시 가액인 7억 원이다. 시세가 변했어도 기준점은 증여일이기 때문이다.

Q2. 부동산 증여는 성공인가?

대성공이다. 증여 당시 5억 원이었던 부동산이 10억 원이 되었지만,

국세청은 5억 원만 재산에 합산한다. 가치 상승분 5억 원에 대해서는 상속세가 한 푼도 붙지 않는 마법이 일어난 셈이다.

Q3. 주식 증여는 성공인가?

오히려 손해다. 현재 1억 원으로 토막 난 주식이지만, 상속세 계산 시에는 5년 전 가액인 2억 원으로 합산된다. 증여하지 않고 그대로 상속받았다면 1억 원에 대해서만 세금을 냈을 텐데, 미리 증여하는 바람에 2억 원에 대한 세금을 물게 된 격이다.

3. [전략 표] 사전증여, 이런 자산은 이득이고 저런 자산은 독이다!

구분	사전증여 적극 추천	사전증여 신중 검토
자산 성격	가치 상승이 확실한 우량 부동산	변동성이 크거나 하락 위험이 있는 주식
증여 대상	5년만 버티면 되는 손주·며느리	10년을 버텨야 하는 자녀·배우자
증여 시기	저평가 구간, 불황기	고점 구간, 거품기
절세 원리	가치 상승분을 상속세 망에서 제외	합산 기간 내 사망 시 오히려 세 부담 증가

Expert Tip   **5년과 10년의 숫자를 기억하세요**

사전증여가 절세로 이어지려면 결국 시간이 필요합니다.

1. 건강 상태를 점검하십시오 : 10년을 버틸 체력이 안 되신다면 상속인이 아닌 **손주나 며느리**에게 증여해 5년의 짧은 합산 기간을 노리는 전략이 훨씬 유효합니다.
2. 배우자공제를 먼저 챙기십시오 : 무작정 자녀에게 증여해 배우자공제 한도를 줄이는 실수를 범하지 마십시오.
3. 가산금보다 상승분이 크다면? 10년 이내에 사망해 재산에 합산되더라도, 그 사이 자산 가치가 세금 부담보다 훨씬 더 많이 올랐다면 그 자체로 증여는 **성공한 전략**이 됩니다.

며느리와 사위를 활용한
5년의 마법

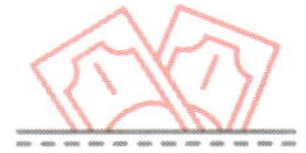

상속세를 줄이기 위한 사전증여를 고민할 때, 대다수 부모님은 자녀(아들·딸)만 떠올린다. 하지만 세법의 생리를 아는 고수들은 며느리와 사위를 주목한다. 이들은 법적으로 상속인이 아니라는 점이 오히려 강력한 절세 무기가 되기 때문이다. 자녀에게 주면 10년을 버텨야 하지만, 며느리와 사위는 **5년**만 버티면 상속세가 사라지는 마법이 일어난다.

1. 왜 며느리와 사위가 절세의 핵심인가?

세법은 피상속인이 사망하기 전 일정 기간 내에 증여한 재산을 상속재산에 다시 합산한다. '**이때 누구에게 주었느냐?**'에 따라 합산 기간이 달라진다.

- 상속인(자녀, 배우자) : 사망 전 10년 내 증여분 합산
- 비상속인(며느리, 사위, 손주) : 사망 전 5년 내 증여분 합산

이 5년의 차이가 상속세의 성패를 가른다. 75세 어르신이 자녀에게

증여하면 85세까지 생존하셔야 절세 효과가 완성되지만, 며느리에게 증여하면 80세까지만 건강하셔도 그 재산은 상속세 망을 완전히 탈출한다.

2. [실무 사례] 아들에게 2억 원 vs 아들·며느리에게 각 1억 원

〈분석 자료 : 75세 K씨의 증여 고민〉

• 증여 자금 : 현금 2억 원

• 고민 : 자녀에게 몰아줄 것인가, 나눠줄 것인가?

① 시나리오 A : 아들에게 2억 원 전액 증여

• 증여세 : 약 2,000만 원(자녀 공제 5,000만 원 제외 후)

▶ 리스크 : K씨가 9년 뒤(84세)에 사망하면, 이 2억 원은 고스란히 상속재산에 합산되어 높은 상속세율(예 : 40%)로 다시 계산된다. 절세 효과 0원

② 시나리오 B : 아들 1억 원, 며느리 1억 원 분산 증여

• 증여세 : 약 1,900만 원(아들 공제 5,000만 원, 며느리 공제 1,000만 원 적용 시)

▶ 대반전 : K씨가 9년 뒤(84)에 사망한다면?
아들에게 준 1억 원은 상속재산에 합산되지만, 며느리에게 준 1억 원은 5년이 지났으므로 상속재산에서 완전히 제외된다. 1억 원에 대한 상속세 수천만 원이 증발하는 **마법**이다.

3. [전략 비교] 상속인 증여 vs 비상속인(며느리·사위) 증여

구분	자녀·배우자(상속인)	며느리·사위·손주(비상속인)
증여재산 합산 기간	사망 전 10년	사망 전 5년
증여재산 공제	5,000만 원(배우자 6억 원)	1,000만 원
세율	10~50% 동일	10~50% 동일
최고의 장점	심리적 안정감, 직계 승계	절세 완성 기간이 절반으로 단축
주의사항	장수하셔야 효과가 있음.	이혼 등 가족 관계 변수 고려 필요

> **Expert Tip**   **5년의 마법을 극대화하는 3계명**
>
> 1. **세대생략** 손주 증여도 5년입니다 : 며느리, 사위뿐만 아니라 손주도 비상속인입니다. 할아버지가 손주에게 직접 증여하면 30%의 할증세가 붙지만, 5년만 지나면 상속세 대상에서 빠지므로 결과적으로는 훨씬 이득인 경우가 많습니다.
> 2. 공제액 1,000만 원에 연연하지 마십시오 : 며느리·사위는 증여공제가 1,000만 원으로 작지만, 본질은 공제가 아니라 5년 뒤 상속세 제외에 있습니다. **소탐대실**(小貪大失)하지 마십시오.
> 3. **자금 출처**를 명확히 하십시오 : 며느리에게 증여했는데 그 돈이 다시 아들 계좌로 들어간다면? 국세청은 이를 아들에 대한 증여로 보아 10년 합산을 적용합니다. 반드시 수증자 본인의 자산으로 관리하게 하십시오.

생활비 이체가 상속세 폭탄으로
돌변하는 결정적 순간

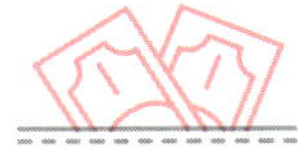

　상속세 상담을 하다 보면 가장 많이 듣는 말이 있다. "세무사님, 부부 사이에 생활비 보낸 것도 세금을 내나요? 자식 용돈 준 것도 다 증여입니까?" 물론 정상적인 **생활비는 비과세**다. 하지만 국세청이 바라보는 생활비의 정의는 당신의 생각보다 훨씬 좁다. 생활비라는 이름으로 보낸 돈이 자산으로 변하는 순간, 국세청의 칼날이 들어온다.

1. 국세청이 생활비를 증여로 의심하는 3가지 상황

첫째, 자녀가 이미 먹고살 만한 경우

　생활비는 **부양의무**에 기초한다. 이미 소득이 충분한 성인 자녀에게 보낸 고액 자금은 생활비가 아니라 부의 무상 이전(증여)으로 간주한다.

둘째, 생활비가 자산으로 탈바꿈하는 경우

　받은 생활비를 아껴서 주식을 사거나, 아파트 중도금을 냈다면? 그 순간, 이 자금은 생활비가 아닌 증여재산이 된다. 국세청은 돈의 이름이 아니라 결과를 본다.

셋째, 사망 임박 시점의 반복적 고액 인출

사망 전 1~2년 사이에 집중적으로 인출된 생활비 명목의 자금은 국세청의 **1순위 타깃**이다. 입증하지 못하면 모두 상속재산에 합산된다.

2. [실무 사례] 부인 계좌로 보낸 돈, 어디까지 안전할까?

〈사례 분석 : K씨의 계좌 이체 내역〉

- 매월 300~500만 원 입금(배우자 생활비)
- 매월 500~1,000만 원 입금(추가 생활비 명목)
- 일시에 수억 원 입금(배우자 명의 주택 취득자금)

Q1. 매달 보낸 300~500만 원은 안전한가?

그렇다. 배우자의 일반적인 생활 수준을 고려할 때 사회 통념상 인정되는 범위다. 세법상 큰 문제가 될 가능성은 작다.

Q2. 1,000만 원에 육박하는 금액은 어떠한가?

위험 신호다. 실무적으로 월 500만 원을 넘어가면 국세청의 관심 구간에 진입하며, 1,000만 원 전후는 실제 어디에 썼는지 증빙(카드 내역, 영수증 등)을 갖추지 못하면 증여로 간주될 확률이 매우 높다.

Q3. 주택 취득자금으로 쓴 수억 원은?

명백한 증여다. 생활비와는 전혀 무관한 자산 취득자금이기 때문이다. 이는 즉시 증여세 대상이며, 사망 전 10년 이내라면 상속재산에 고스란히 합산된다.

Q4. 부모님 카드로 자녀 자동차를 사줬다면?

자동차 명의가 자녀라면 취득자금을 증여한 것으로 본다. 반대로 부모님 명의라면 자동차 자체가 상속재산이 된다. **"누구 이름으로 샀느냐?"** 에 따라 세금의 종류가 달라질 뿐, 국세청의 감시망을 벗어날 수는 없다.

3. [체크리스트] 생활비·간병비 소명, 이렇게 준비하라

세무 조사에서 이기기 위해서는 기록이 전부다.

구분	인정 가능성	핵심 대비 전략
일상 생활비	높음	소득 수준에 비례한 적정 금액 유지
병원비·약값	높음	환자 본인의 계좌나 카드에서 직접 결제
간병비	보통	간병인 계약서, 이체 내역 등 증빙 확보
자녀 계좌 이체	매우 낮음	사용처가 불분명하면 100% 증여·상속 합산
사망 직전 인출	낮음	용도 소명을 하지 못하면 상속추정 적용

※ 피상속인의 계좌 관리 방안

1. 사망 직전 인출, 얼마까지 안전한가?

① 세법상 기준(상속추정)

항목	내용
적용 기간	사망 전 1년(2년) 이내
금액 기준	2억 원(5억 원) 초과
추정 효과	상속재산으로 간주
증명 책임	상속인

2억 원 이하여도 의심 정황 있으면 조사할 수 있다.

② 안전·위험 구간 가이드

인출금액	실무 판단
월 300~500만 원	거의 문제 없음.
연 5,000만 원 내외	사유 설명할 수 있으면 OK
단기간 1억 원 이상	**질문 대상**
사망 6개월 이내 고액	**고위험 구간**

사망 직전 3~6개월 인출은 금액 불문 질문 "생활비였다"라는 말만으로는 부족할 수 있다.

2. 간병비를 자녀가 대신 낸 경우 처리법

자녀가 대신 낸 간병비는 채권이 되거나, 아무런 처리를 하지 않으면 증여가 된다.

① 가장 안전한 구조(권장)

피상속인의 계좌에서 직접 병원·간병인 지급하는 것이 좋다. 이것이 여의치 않으면 차선책으로 다음과 같이 자녀로부터 차용해 이를 지급하는 식이다(차용증 작성).

요건	체크
간병비 실지 지급	○
병원·간병 계약	○
차용증	○
사망 전 일부 상환	있으면 매우 좋음.

② 위험한 구조

유형	문제
구두 약속	채무 부인 가능
가족 간 정산 없음	증여추정
상속 후 '사실은 간병비' 주장	거의 인정 안 됨.

3. 현금 많은 부모 계좌 정리 전략

① 절대 피해야 할 정리 방식

방식	리스크
자녀 계좌로 분산 이체	증여·상속추정
현금 인출 후 보관	사용처 입증 불가
가족 명의 통장 활용	명의신탁 의심

② 안전한 정리 전략

전략	설명
의료·요양비 직접 지급	생활비 인정
카드 결제 활용	사용처 자동 입증
예금 만기 분산	사망 시점 관리
연금·보험 구조화	현금성 완화

Expert Tip **생활비 인출의 황금률 : 필요성·상당성·흐름**

1. 자녀 계좌는 금지 구역입니다 : 효도하는 자녀에게 생활비를 주고 싶다면 현금을 주기보다 부모님 댁의 **공과금**을 대신 내주거나 장을 봐주는 식이 안전합니다.
2. 큰 지출은 기록을 남기십시오 : **간병비**처럼 현금 지출이 많은 항목은 영수증이나 확인서를 반드시 받아두어야 나중에 상속추정의 그물을 벗어날 수 있습니다.
3. 카드를 활용하십시오 : 현금 인출은 용도를 입증해야 하지만, **카드 결제**는 그 자체로 훌륭한 해명 자료가 됩니다.

배우자만 있으면 30억 원 공제?
당신이 몰랐던 조건부의 진실

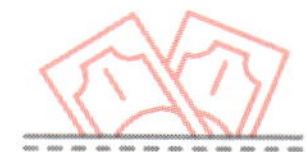

개인들이 상속세 상담에서 가장 많이 하는 오해가 바로 '배우자가 있으면 30억 원까지는 세금이 없다'라는 생각이다. 하지만 세법의 세계에서 배우자공제는 **자동으로 주어지는 권리**가 아니라, **까다로운 조건을 통과해야 얻는 혜택**이다. 30억 원을 다 받을 수 있다고 믿었다가 수억 원의 세금 고지서를 받는 이유는 무엇일까?

1. 배우자공제의 3대 함정

첫째, 자녀가 많을수록 공제 한도는 줄어든다.

배우자공제의 한도는 배우자의 **법정 상속지분**에 묶여 있다. 자녀가 많아질수록 배우자의 몫은 1/n으로 줄어들고, 그에 따라 세법상 인정해주는 공제 한도도 함께 쪼그라든다.

둘째, 서류가 아니라 실제 명의가 넘어가야 한다.

공제는 신고서에 적힌 숫자만으로 완성되지 않는다. 상속인 간의 협의 분할이 완료되어야 하고, 부동산이라면 실제 배우자 명의로 등기까지 마쳐야 한다. 이 절차를 놓치면 최저 공제액인 5억 원밖에 받지 못할 수도 있다.

셋째, 사전증여가 공제 한도를 갉아먹는다.

생전에 배우자에게 미리 준 재산이 있다면, 상속 시점에서는 그만큼 공제 한도에서 차감될 수 있다. '미리 줬으니 좋겠지'라고 생각했지만, 막상 상속 때는 공제 한도를 막아버리는 역설이 발생한다.

2. [실무 사례] 자녀 사망과 대습상속, 그리고 배우자공제의 결과

〈분석 자료 : K씨의 상속 현황〉

- 총 상속재산 : 30억 원
- 사전증여 : 5년 전 배우자에게 10억 원 증여
- 가족 관계 : 배우자, 자녀 1명, 사망한 자녀의 자녀(손주) 1명

Q1. 자녀 한 명이 먼저 세상을 떠났는데, 상속인은 누구인가?

배우자와 생존 자녀는 당연히 포함되며, 사망한 자녀를 대신해 그 자녀(손주)가 상속권을 갖는다. 이를 **대습상속**이라고 한다. 상속인은 총 3명(배우자, 자녀 1, 손주 1)이 된다.

Q2. 이 집은 배우자공제 30억 원을 다 받을 수 있나?

아니다. 불가능하다.

- 한도 계산 : 배우자의 법정 지분율은 약 42.8%다.
- 기준 금액 : (상속재산 30억 원 + 사전증여 10억 원) × 42.8% − 사전증여 과세표준 4억 원 = 약 13.14억 원이 법정 한도다.

- 실제 공제 : 법정 한도((13.14억 원)와 실제 상속분(12.84억 원) 중 적은 금액인 약 12.84억 원만 공제된다. 30억 원의 절반도 못 미치는 수치다.

Q3. 배우자공제를 받아 줄어든 당장 상속세와 재산을 받아 증가하는 상속세의 차이는(단, 배우자는 상속개시일로부터 10년 후에 사망한다고 가정)?

배우자공제를 많이 받으면 당장 상속세는 줄어들지만, 그 재산이 고스란히 배우자의 자산이 되어 추후 배우자 사망 시(2차 상속) 자녀들에게 더 큰 세금 부담으로 돌아올 수 있다.

① 1차 상속 시 : 배우자가 재산을 많이 받을수록 **배우자공제(최대 30억 원 한도)**가 커져 당장 내야 할 상속세는 최소화된다.

② 2차 상속 시(10년 후) : 배우자가 받은 재산이 그대로 남아 있다고 가정할 때, 2차 상속 시에는 배우자공제를 더 이상 받을 수 없다(일괄공제 5억 원 등만 가능).

▶ 결과 : 1차에서 아낀 세금보다 2차에서 내야 할 세금이 훨씬 커지는 **세금의 역전 현상**이 발생할 수 있다. 따라서 배우자의 연령과 건강 상태를 고려해 1차 상속 시 배우자 지분을 전략적으로 조절해야 한다.

Q4. Q3에서 상속받은 배우자가 상속 후 1~10년 이내에 사망한 경우에는 재상속에 따른 세액공제를 받을 수 있다. 5년, 10년 기준으로 할 때 얼마나 공제가 예상되는가?

상속세 납부 후 얼마 지나지 않아 다시 상속이 발생하면, 국가가 세금을 이중으로 걷는 꼴이 된다. 이를 방지하기 위해 **단기 재상속세액공제** 제도를 운용하고 있다.

① 공제 원리

전 상속(1차)에서 냈던 세금 중 재상속(2차)된 재산에 상당하는 세액을 기간별로 차등 공제해준다.

② 기간별 공제율(기준 : 1차 상속일로부터 2차 상속일까지의 기간)

재상속 경과 기간	(전 상속세액의) 공제율	비고
1년 이내	100%	사실상 이중과세 전액 면제
1년 초과 ~ 2년 이내	90%	
2년 초과 ~ 3년 이내	80%	
5년 초과 ~ 6년 이내	50%	질문의 5년 구간
7년 초과 ~ 8년 이내	30%	
9년 초과 ~ 10년 이내	10%	질문의 10년 구간
10년 초과	0%	공제 혜택 종료

③ K씨 사례 적용 예측

- 5년 시점 사망 시 : 배우자가 1차 상속 때 냈던 상속세의 약 50% 정도를 2차 상속세에서 빼준다.
- 10년 시점 사망 시 : 공제율이 **10%**로 뚝 떨어진다. 만약 10년을 딱 하루라도 넘겨서 사망하게 되면 공제액은 0원이 된다.

Q5. 이 사례에서 가장 중요한 조언은?

"배우자공제에만 집착하지 마라"라는 것이다.

- 자산 합산의 무서움 : 배우자가 이미 10억 원을 사전증여받은 상태이므로, 1차 상속에서 추가로 재산을 많이 받으면 배우자의 총자산이 비대해져 2차 상속세율 구간이 최고 단계(50%)에 진입할 위험이

크다.

- 전상속세액 공제의 한계 : 이 공제는 전 상속 시 냈던 세금을 기준으로 한다. 만약 1차 상속 때 배우자공제를 꽉 채워서 받아 배우자(미망인)가 낸 세금이 0원이라면, 2차 상속 때 받을 재상속 세액공제도 0원이 된다.

3. [체크리스트] 배우자공제 30억 원을 받지 못하는 3가지 이유

원인	실무적 현상	결과
자녀 수 과다	배우자의 법정 지분율 하락	공제 한도액 급감
분할 절차 미비	배우자 명의로 등기·이전 안 함.	최저 5억 원만 적용
사전증여 합산	이미 준 재산이 한도를 잠식	상속 시 추가 공제 불가

Expert Tip **배우자공제를 마법으로 만드는 법**

1. 실제로 배우자에게 상속하십시오 : 단순히 세금을 줄이려고 서류상으로만 분배하는 것이 아니라, 실제로 배우자 명의로 자산을 이전해야 최대 30억 원의 혜택을 온전히 누립니다.
2. 사전증여는 상속인 외를 활용하십시오 : 배우자공제 한도를 지키고 싶다면, 며느리나 사위, 손주 등 비상속인에게 증여해 상속재산 합산 기간(5년)을 단축하고 배우자의 상속지분을 보전하는 전략이 필요합니다.
3. 재산분할 기한을 엄수하십시오 : 상속세 신고기한으로부터 9개월 이내에 **재산분할 기한**이지만, 상속세 신고기한까지 하면 안심을 할 수 있습니다. 재산분쟁 등으로 분할이 안 될 때는 담당 세무사와 상의하십시오.

국세청은 다 알고 있다 : 상속세 신고 단계의 치명적 오해들

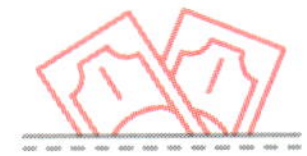

상속세 신고를 준비하다 보면 '이건 안 적어도 모르겠지', '세무사가 해줬으니 끝났겠지'라는 유혹과 안일함에 빠지기 쉽다. 하지만 상속세는 당신이 신고서를 제출하는 순간부터 국세청의 **AI 전산망**이 가동되는 세금이다. 신고 단계에서 흔히 하는 착각들이 어떻게 거대한 세금 폭탄으로 돌아오는지 확인해보자.

1. 국세청의 그물망을 우습게 보지 마라

• 착각 1 : "계좌 내역을 숨기면 자금 흐름을 모를 것이다"

금융기관은 고액 자금거래나 사망자의 금융정보를 국세청에 자동으로 통보한다. 당신이 제출하지 않아도 국세청은 이미 지난 **10년의 기록**을 손바닥 보듯 들여다보고 있다.

• **착각 2 : "사망신고만 안 하면 세무서가 모를 것이다"**

사망신고, 주민등록 말소, 병원 진료 기록, 부동산 등기 자료는 모두 국세청 시스템에 실시간으로 연계된다. 신고를 늦추는 것은 절세가 아니라 가산세를 차곡차곡 쌓는 행위일 뿐이다.

• **착각 3 : "해외계좌나 가상자산은 추적이 불가능하다"**

과거에는 그랬을지 모르지만, 지금은 다르다. 국제금융정보 자동교환(CRS)과 가상자산 거래소 자료 확보로, **해외자산도** 투명하게 드러난다. 숨기는 순간 탈세가 되고, 감당하기 어려운 불이익이 뒤따른다.

• **착각 4 : "세무사가 신고했으니 이제 발 뻗고 자도 된다"**

상속세는 신고로 종결되는 세금이 아니다. 정부가 최종 도장을 찍어야 확정되는 **정부 결정 세목**이다. 신고 후 몇 년 뒤에도 감정평가나 사전증여 누락을 이유로 세무 조사가 나올 수 있다.

2. [실무 사례] 신고 현장에서 벌어지는 뜻밖의 변수들

Q1. 자녀 명의로 상속 주택을 먼저 등기했는데, 문제가 되나?

배우자공제에 치명적일 수 있다. 협의 분할 전에 특정 상속인 명의로 **등기**를 완료하면, 그만큼 배우자에게 귀속될 재산이 줄어든 것으로 간주된다. 결과적으로 받을 수 있었던 수억 원의 배우자공제 혜택이 날아갈 수 있다.

Q2. 어머니가 자녀 몫의 상속세까지 다 내주어도 되나?

주의가 필요하다. 상속세는 상속인 전원에게 연대납세의무가 있어 **대납**할 수 있지만, 어머니가 상속받은 금액을 초과해 자녀의 세금을 내주면, 그 초과분은 **증여**로 간주되어 증여세가 따로 부과될 수 있다.

Q3. 기준시가 신고가 위법이라는 판결이 나왔으니, 배짱 신고해도 될까?

매우 위험한 생각이다. 최근의 법원 판결은 절차상의 문제를 지적한 것이지, 모든 기준시가 신고가 정당하다는 면죄부가 아니다. 국세청은 여전히 고가 자산에 대해 정당한 사유로 감정평가를 할 **권한**이 있다. 독단적인 판단보다는 반드시 전문가와 **상의**해야 한다.

3. [체크리스트] 신고 전, 마지막으로 이것만은 확인하라

점검 항목	확인 사항	리스크
재산 누락	가상자산, 해외계좌, 사망보험금	10년 치 자금 흐름 추적으로 적발됨.
상속등기	배우자공제 적용 전 단독 등기 여부	배우자공제 한도 축소
사전증여	10년 내 자녀, 5년 내 비상속인 증여	상속재산 합산으로 세액 재계산
평가 방법	아파트 유사 매매가, 상가 감정평가	국세청 직권 감정 및 본세 추징

> **Expert Tip** **상속세 신고는 마침표가 아니라 쉼표입니다**
>
> 상속세 신고서를 제출했다고 해서 모든 숙제가 끝난 것은 아닙니다.
> 1. 사후 관리를 준비하십시오 : 신고 후 진행될 세무 조사에 대비해 **해명 자료**를 미리 정리해두어야 합니다.
> 2. 함부로 재산을 처분하지 마십시오 : 상속 개시 후 6개월 이내에 재산을 팔면 그 매매가가 상속가액이 되어 세금이 늘어날 수 있습니다.
> 3. 전문가와 끝까지 함께하십시오 : 세무 조사 대응부터 경정청구까지, 상속세는 호흡이 **긴 싸움**입니다.

상속 현장에서 목격하는 가장 비극적인 장면은 재산 때문에 형제들이 남보다 못한 사이가 된다. 흔히 '재산이 많아야 싸운다'라고 생각하지만, 실제 분쟁은 준비 없이 상속이 발생했을 때 거의 자동으로 일어난다. 상속 분쟁은 감정의 문제가 아니라, 애초에 다툴 수밖에 없게 설계된 **부실한 구조**의 문제다.

1. 가족을 남으로 만드는 5가지 분쟁의 씨앗

① "이게 누구 돈이었나?" (재산 경계의 모호함)

생전에 가족 간에 오고 간 현금, 빌려준 건지, 준 건지 모를 자금, 명의와 실제 주인이 다른 부동산 등은 부모님이 돌아가시는 순간 모두 **분쟁의 불씨**가 된다.

② "부모님 뜻은 이게 아니었다" (유언의 부재)

법대로 나누는 법정 상속분이 부모님의 생전 의사와 다를 때 싸움은 시작된다. 명확한 기준이 없으면 각자 자기에게 **유리한 기억**만 꺼내놓게 된다.

③ "너는 이미 많이 받지 않았나?" (편중된 생전 지원)

특정 자녀의 집값, 사업자금, 유학비를 대준 기록은 상속 시점에 고스란히 선급 상속분으로 간주된다. 준 쪽은 사랑이라 하고, 못 받은 쪽은 **불공평**이라 외친다.

④ "세금은 누가 다 내나?" (상속세 부담의 불균형)

재산은 똑같이 나눴는데, 세금은 사전증여를 많이 받은 쪽 때문에 더 늘어났다면? 세금계산서 앞에서 **가족의 우애**는 힘없이 무너진다.

⑤ "며느리·사위의 목소리" (외부 인물의 개입)

상속인 외의 인물들이 재산 분배에 목소리를 높이기 시작하면 사건은 걷잡을 수 없는 **감정싸움**으로 번진다.

2. 분쟁을 절차로 바꾸는 3가지 설계 기술

상속 분쟁을 막는 핵심은 공평함이 아니라 **다툴 여지 자체를 없애는 것**이다.

첫째, 재산을 유형별로 바구니에 담아라.

현금, 수익형 상가, 거주용 아파트 등을 명확히 구분하자. 덩어리째 던져주면 나누다 싸우지만, '**누구는 상가, 누구는 현금**' 식으로 성격을 정해주면 다툼의 절반이 사라진다.

둘째, 말로 한 지원을 기록으로 박제하라.

차용증, 증여세 신고서, 치료비 사용 내역 등 객관적인 근거를 남기자. 기록이 있으면 억측이 사라진다.

셋째, 유언장은 시(詩)가 아니라 영수증처럼 써라.

감정적인 호소보다 숫자, 지분, 번지수를 명확히 적어야 한다. 해석의 여지가 없는 유언장이 가장 좋은 **유언장**이다.

3. [체크리스트] 분쟁 없는 상속의 5대 공통점

이 5가지만 갖춰도 상속은 비극이 아니라 **깔끔한 정리 절차**가 된다.

항목	실천 내용	효과
재산 목록	모든 부동산, 금융자산 리스트업	숨겨둔 재산 의심 차단
생전 지원	증여 및 차용 내역 공식화	상속분 계산의 형평성 확보
세금 합의	누가, 무엇으로 세금을 낼지 결정	세금 대납 및 연부연납 갈등 방지
구체적 유언	숫자와 지분 중심의 유언장 작성	집행 과정의 해석 분쟁 제거
집행자 지정	신뢰할 수 있는 제삼자나 전문가 지정	주도권 싸움 원천 봉쇄

Expert Tip 유류분, 미리 계산하면 막을 수 있습니다

1. 유언장이 있어도 소송이 터지는 이유는 유류분(법으로 정한 최소한의 몫) 때문입니다.
2. 특정 자녀에게 재산을 몰아주고 싶다면, 최소한 다른 자녀들의 유류분을 침해하지 않는 선에서 설계해야 합니다.
3. 혹은 생전 증여와 **보험금 설계**를 결합해 법적 다툼의 여지를 최소화해야 합니다.
4. 분쟁은 사후에 해결하는 것이 아니라 생전에 계산해서 지우는 것입니다.

현금이 부족한 1주택자에게 사망보험금은 상속세를 낼 수 있는 황금열쇠다. 하지만 보험도 설계가 잘못되면 보험금의 절반을 세금으로 떼일 수 있다. 보험금에 상속세가 붙느냐, 안 붙느냐는 '**누가 돈을 냈는가(계약자)**'에 달려 있다.

1. 보험금도 상속재산인가?

세법은 피상속인(부모님)이 보험료를 냈다면, 그 보험금은 부모님이 남긴 재산으로 보아 상속세를 과세한다. 이를 간주상속재산이라고 한다.

2. 상속세가 0원이 되는 마법의 설계

핵심은 **계약자**(돈 내는 사람)와 **피보험자**(사망하는 사람)를 분리하는 것이다.

• 과세되는 경우 : **계약자**(부모) – **피보험자**(부모) – **수익자**(자녀)
부모님이 낸 돈으로 자녀가 받는 것이니 상속재산에 포함된다.

• 비과세되는 경우 : **계약자**(자녀) – **피보험자**(부모) – **수익자**(자녀)
자녀가 자기 돈으로 보험료를 내고 부모님 사망 시 보험금을 받는 것이므로, 이는 자녀 고유의 재산이다. 상속세가 전혀 없다.

Expert Tip · **자녀의 보험, 자금 출처가 핵심입니다!**

1. 계약자를 자녀로 했다고 해서 무조건 안심할 수는 없습니다. 국세청은 자녀가 그 보험료를 낼 만한 **소득(자금 출처)**이 있었는지를 확인합니다.

2. 소득이 없는 자녀가 낸 보험료를 부모님이 뒤에서 현금으로 줬다면? 국세청은 이를 다시 부모님이 낸 것으로 보아 상속세를 매깁니다.

3. 따라서 자녀에게 미리 정당한 증여(증여세 신고)를 하거나, 자녀의 급여 범위 내에서 보험료를 내게 하는 정교한 설계가 필요합니다.

제 **4** 장

[자영업자 편] :
평생 일군 가업,
세금 폭탄 없이 물려주는 전략

자수성가한 사장님을 울리는 상속세의 민낯

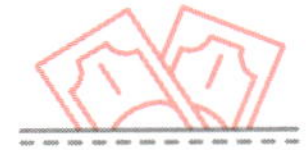

자영업자라고 해서 상속세 계산 방식이 개인과 근본적으로 다른 것은 아니다. 하지만 개인 명의로 사업을 운영한다는 사실 하나만으로 상증법은 개인보다 훨씬 까다롭고 **엄격한 잣대**를 들이댄다. 평생 일궈온 사업체가 상속의 순간, 세금 폭탄의 진원지가 되지 않으려면 자영업자만의 특수한 착각에서 벗어나야 한다.

1. 사장들이 흔히 빠지는 3가지 위험한 착각

• 착각 1 : "사업용 재산은 상속세와 무관하다"

가장 빈번한 오해다. 공장 용지, 사업용 트럭, 기계장치, 심지어 사업용 통장의 예금까지도 사업을 위한 것이니 상속세 대상이 아니라고 믿는다. 그러나 상속세는 명의를 본다. 개인사업자 명의로 된 모든 자산은 용도와 관계없이 **100%** 상속재산에 포함된다.

- **착각 2 : "장부만 잘 써놓으면 국세청이 믿어준다"**

장부는 기본이다. 하지만 국세청은 장부의 숫자보다 자금의 흐름을 더 믿는다. 특히 현금거래 비중이 높은 업종이라면 장부상 수익보다 재산 증가액이 과도할 때, 국세청은 장부를 부인하고 **자금 출처 조사**를 시작한다.

- **착각 3 : "사업용 계좌에서 뺀 돈은 추적하지 않는다"**

"사업상 필요해서 인출했다"라는 말은 입증이 안 되면 소용없다. 사망 전 거액 인출이나 가족 계좌 이체가 사업용 계좌에서 일어났더라도, 사용처를 밝히지 못하면 국세청은 이를 **상속추정** 혹은 **증여**로 간주한다.

2. [실무 사례] 매출은 적당한데, 상속세가 쏟아지는 이유

〈분석 자료 : 사장 K씨의 자산 현황〉
- 개인 자산 : 주택 20억 원, 개인 예금 5억 원
- 사업 자산 : 기계 및 비품 5억 원, 사업용 대출 2억 원
- 사업 실적 : 최근 3년간 연평균 순이익 2억 원

Q1. 사업용 자산 5억 원과 부채 2억 원의 행방은?

순자산 3억 원(5억 원-2억 원)이 고스란히 상속재산에 합산된다. 개인 자산 25억 원과 합쳐져 총 28억 원이 일단 계산대에 올라간다.

Q2. 눈에 보이지 않는 영업권이 세금을 부른다?

자영업자들이 가장 경악하는 지점이다. 사례처럼 연 2억 원의 순이익이 꾸준히 발생한다면, 국세청은 이 사업체에 **영업권**(권리금)이 존재

한다고 평가한다. 실체가 없는 간판값, 단골의 가치가 수억 원의 상속 재산으로 둔갑해 세금 부담을 키울 수 있다.

Q3. 상속세 조사가 소득세 조사로 번진다?

상속세 신고는 국세청이 사장의 과거를 털어볼 **합법적인 초대장**이다. 조사를 진행하다 매출 누락이나 가공경비가 발견되면, 상속세뿐만 아니라 과거 5~10년 치 종합소득세와 부가가치세까지 연쇄적으로 추징당하는 비극이 발생한다.

3. [전략 표] 자영업자 상속세 생존을 위한 3대 원칙

구분	위험 요소	대응 전략
자산 관리	사업용 자산의 개인 명의 집중	주요 자산의 법인전환 혹은 명의 분산 검토
자금 출처	사업소득 대비 과도한 자산 증가	소득 신고의 적정성 상시 점검 및 증빙 확보
사후 대비	영업권 평가 및 연쇄 과세 리스크	가업상속공제 요건 확인 및 투명한 회계 처리

Expert Tip **사장의 통장은 국세청의 공유 폴더입니다**

1. 사업용과 개인용을 칼같이 분리하십시오 : 혼용해서 쓰는 순간, 모든 지출을 소명해야 하는 지옥이 펼쳐집니다.
2. 영업권 평가에 대비하십시오 : 이익이 많이 나는 사업장일수록 상속 전 전문가와 함께 우리 사업장의 **영업권**이 얼마로 평가될지 미리 시뮬레이션해야 합니다.
3. 가업상속공제를 공부하십시오 : 일정 요건을 갖추면 최대 **600억 원**까지 공제되는 강력한 혜택이 있습니다. 자영업자도 요건만 맞으면 받을 수 있습니다.

사장님의 상속세가 개인보다 2배 더 무거운 이유

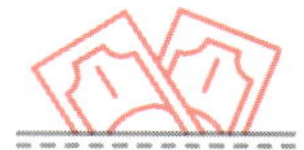

자영업자는 법적으로는 개인일지 모르나, 세법은 그를 움직이는 중소기업으로 본다. 이 때문에 똑같은 10억 원의 재산을 가졌더라도 자영업자의 상속세 신고는 개인보다 훨씬 복잡하고 위험하다. 개인에게는 없는 **사업 리스크**가 상속세와 결합할 때 어떤 일이 벌어지는지 알아야 한다.

1. 개인과 자영업자의 5가지 결정적 차이

① 사업용 순재산이 통째로 합산

개인은 집과 예금만 챙기면 되지만, 자영업자는 사업용 자산에서 부채를 뺀 순재산가액을 별도로 계산해 합산해야 한다. 매장 보증금, 미수금, 재고자산까지 모두 세금계산서에 포함된다.

② 보이지 않는 권리금(영업권)의 습격

개인 상속에서 권리금은 존재하지 않는 단어다. 하지만 자영업자는 다르다. 장사가 잘되는 식당이나 노하우가 있는 기술업은 국세청이 **영업권**이라는 이름으로 가치를 매겨 상속재산에 강제로 포함할 수 있다.

③ 과거 소득세·부가세까지 추징

개인의 조사가 재산에 집중된다면, 자영업자의 조사는 **과거의 성실도**를 따진다. 상속세 조사를 하다가 과거의 매출 누락이나 가공경비가 발견되면, 상속세뿐만 아니라 5~10년 치 소득세와 부가세가 줄줄이 추징된다.

④ 가업상속공제라는 양날의 검

최대 600억 원을 깎아주는 가업상속공제는 자영업자에게만 주어진 특권이다. 하지만 요건이 까다로워 미리 준비하지 않으면 그림의 떡일 뿐이며, 오히려 요건 미달 시 세무 조사의 빌미가 되기도 한다.

⑤ 높은 세무 조사 확률

현금거래가 많고 장부의 신뢰도가 낮은 업종일수록 국세청의 상속추정 그물망은 더욱 촘촘해진다. 자영업자에게 상속세 신고는 끝이 아니라 **정밀 검증의 시작**이다.

2. [실무 사례] 현금매출 1억 원 누락이 부른 대참사

〈분석 자료 : 사장 K씨의 상황〉

• 누락된 현금매출 : 1억 원(계좌에 보관 중)

• 평가된 영업권 가치 : 1억 원

• 기타 상속재산 : 5억 원

Q1. '현금이라 안 걸리겠지'라는 생각이 통할까?

절대 아니다. 국세청은 유족들의 재산 증가액과 고인의 생전 소득 신고액을 비교 분석한다. 소득보다 자녀의 예금이 많거나 카드 사용액이 과도하다면, 국세청은 단번에 **현금매출 누락**을 의심하고 자금 출처를 조사한다.

Q2. 폐업했으니 조사도 끝난 것 아닌가?

사업을 접었어도 **소멸시효**(최대 10년) 내의 자료는 모두 검토 대상이다. 폐업은 상속세 조사의 방패가 될 수 없다.

Q3. 영업권 1억 원을 신고하지 않으면?

단순 실수가 아닌 과소 신고로 간주된다. 1억 원에 대한 상속세는 물론, 고율의 가산세가 붙으며 자칫하면 사업 전반에 대한 고강도 세무조사로 확대될 수 있다.

3. [전략 표] 자영업자가 상속에서 유독 불리한 5가지 이유

이유	실무적 리스크	대응 전략
장부 밖의 재산	현금매출, 개인 계좌 혼용	자금 흐름의 투명성 확보 및 해명 자료 준비
자동 합산 자산	영업권, 재고, 외상 매출	자산 가치의 주기적 평가 및 정리
부채 입증의 난이도	가족 간 차입금 불인정 위험	공식적인 차용증 및 이자 지급 증빙
현금 유동성 부족	재산은 많은데 낼 현금이 없음.	연부연납 활용 및 종신보험 등 재원 마련
연쇄 과세 위험	상속세 조사가 소득세 조사로 전이	평소 성실신고를 통한 리스크 관리

1. 장부가 곧 상속세 신고서입니다 : 평소에 **장부**를 부실하게 관리하면 상속세 단계에서 재산 형성을 입증할 길이 막힙니다.

2. 사망 직전 **고액 인출**은 자살 행위입니다 : 자영업자 계좌에서 빠져나간 돈은 사업 자금이라고 우겨도 국세청은 믿어주지 않습니다. 명확한 영수증이 없다면 모두 상속재산으로 간주됩니다.

3. 전문가와 가업의 미래를 그리십시오 : 단순히 세금을 줄이는 것을 넘어, 사업의 명맥을 유지하면서 세금 부담을 최소화하는 **가업 상속 전략**을 지금 당장 수립해야 합니다.

장부 숫자는 잊어라 : 사업용 자산과 부채의 진짜 몸값

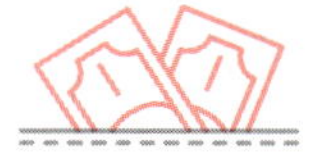

자영업자 상속세에서 가장 치열한 다툼은 "재산이 있느냐 없느냐?" 가 아니라, **"그 재산의 가치를 얼마로 볼 것이며, 이 빚을 진짜 빚으로 인정해줄 것인가"**에서 발생한다. 사장에게는 손때 묻은 집기일지 몰라도 국세청에는 과세 대상 자산이다. 신고 단계에서 반드시 점검해야 할 평가 포인트를 짚어본다.

1. 국세청이 사업장 자산을 평가하는 3대 원칙

첫째, 장부가액이 아니라 현재의 가치가 기준이다.

장부상 감가상각이 끝나 0원으로 적혀 있더라도, 시장에서 팔리는 가격이 있다면 그것이 곧 상속재산이다.

- 재고자산 : 원가가 아니라 상속일 현재의 정상 판매가격 기준
- 사업용 차량 : 장부상 잔존가액이 아닌 **중고차 시장 시세** 기준
- 미수금(매출채권) : 받을 돈은 이미 내 재산(단, 부도 등으로 회수할 수 없다는 점을 입증하면 제외 가능)

둘째, 부채는 존재보다 입증이 우선이다.

상속세에서 빚은 내는 게 아니라 허락받는 것이다. 특히 가족 간의 빚은 국세청이 가장 먼저 의심하는 항목이다. 차용증이 있고 이자를 꼬박꼬박 낸 기록이 없다면, 국세청은 이를 빚이 아닌 **미리 받은 증여**로 간주한다.

셋째, 장부에 없는 영업권을 찾아낸다.

"내 사업체에 무슨 권리금이 있느냐?"라고 항변해도 소용없다. 최근 수년간 꾸준한 이익이 났고, 단골이나 상호의 지명도가 있다면 국세청은 이를 **영업권**이라는 이름의 무형 자산으로 평가해 세금을 매긴다.

2. [실무 사례] 사장 K씨의 장부 vs 국세청의 계산기

〈분석 자료 : K씨의 사업장 현황〉
- 매출채권(받을 돈) : 2억 원
- 장부상 차량 : 1,000만 원(실제 중고 시세 4,000만 원)
- 가족 차입금 : 1억 원(아들에게 빌림, 차용증 없음)
- 영업권 : 장부에는 없음(연 순이익 2억 지속 발생 중)

Q1. 아직 받지도 못한 돈(매출채권)에도 세금을 내나?

그렇다. 매출채권은 이미 발생한 나의 권리이므로 상속재산에 포함된다. 만약 거래처가 망해서 받을 길이 없다면, 객관적인 파산 증빙을 갖춰야만 재산에서 뺄 수 있다.

Q2. 차 시세가 장부보다 비싸면 어떻게 되나?

국세청은 장부의 1,000만 원을 무시하고 실제 시세인 4,000만 원으로 재산 가액을 올린다. 자영업자는 늘 **장부 밖의 시세**에 주의해야 한다.

Q3. 아들에게 빌린 1억 원은 빚으로 인정받을 수 있나?

거의 불가능하다. 가족 간 차입금은 차용증, 이자 지급 내역, 실제 원금 상환 중 하나라도 부족하면 부채로 인정되지 않는다. 오히려 증여세를 추가로 물어야 할 수도 있다.

3. [체크리스트] 사장을 위한 자산·부채 평가 5계명

구분	평가 원칙	주의사항
재고자산	정상 판매가	악성 재고나 폐기 대상은 미리 정리할 것
사업용 차량	중고차 시세	장부상 가액이 낮아도 시세대로 과세됨.
매출채권	전액 합산 원칙	회수 불능 채권은 증빙 확보
영업권	무형 가치 평가	순이익이 높은 사업장은 반드시 사전 평가
사적 채무	금융기관 외 채무	차용증 및 이자 송금 내역이 생명

Expert Tip 　**부채를 진짜로 만드는 법**

사장님들이 가장 억울해하는 것이 실제 빌린 돈인데 부채로 인정받지 못할 때입니다.

1. **차용증**은 필수입니다 : 공증까지 받으면 가장 좋지만, 최소한 작성 시점의 확정일자라도 받아두십시오.
2. 이자는 반드시 계좌로 쏘십시오 : 매달 정해진 날짜에 이자가 나간 기록은 국세청도 부인하기 어려운 가장 강력한 증거입니다.
3. 폐업 예정이라도 평가합니다 : 상속 당일에 사업을 접더라도, 그날 아침에 살아 있던 자산과 부채는 모두 평가 대상이 됩니다. **'어차피 접을 거니까'**라는 방심이 세금 폭탄을 부릅니다.

사장의 통장은 공유 폴더가 아니다 : 계좌 관리 실패의 비극

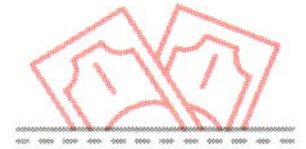

자영업자 상속세 조사에서 가장 피 말리는 싸움이 벌어지는 곳은 부동산이 아니다. 바로 **사업용 계좌**다. 국세청에 사업용 계좌의 입금은 매출 누락의 증거이고, 출금은 재산 은닉의 신호다. 평소 계좌 관리를 소홀히 했다면, 상속인은 국세청의 파상공세 앞에 무방비로 노출될 수밖에 없다.

1. 사업용 계좌 혼용이 부르는 3가지 재앙

첫째, 구분 안 되면 모두 나쁜 쪽으로 해석한다

매출 대금, 생활비, 자녀 용돈을 하나의 계좌에서 섞어 쓰는 분들이 많다. 상속세 조사 시 국세청은 이 계좌 전체를 검증대에 올린다. 이때 **사업용과 개인용이 섞여 있다면**, 국세청은 납세자에게 가장 불리한 방향으로 해석해 세금을 때린다.

둘째, 인출은 "사업비였다"라는 말로 끝나지 않는다.

사업용 계좌에서 나간 돈은 끝까지 쫓아간다.

- 가족 계좌 이체 : 증여로 추정한다.
- 반복적 현금 인출 : 생활비 과다 지출이나 은닉으로 의심한다.
- 사용처 불분명 : 국세청은 이를 상속세 회피를 위한 편법 이전으로 간주한다.

셋째, 소명 못 하면 상속재산으로 강제 소환된다.

사망 전 고액 인출이 발생하면 국세청은 **상속추정** 규정을 휘두른다. "어디에 썼는지 모른다"라는 답변은 통하지 않는다. 상속인이 사용처를 객관적으로 입증하지 못하면, 그 돈은 이미 써버렸어도 재산에 합산되어 상속세를 물어야 한다.

2. [실무 사례] 3억 원이 사라진 사장 계좌의 운명

〈분석 자료 : K씨의 계좌 내역〉

- 입금 : 1,000만 원(출처 불분명)
- 출금 : ① 거래처 1억 원, ② 배우자 1억 원, ③ 사용처 모름 1억 원
  (총 3억 원)

Q1. 정체 모를 입금 1,000만 원의 정체는?

국세청은 일단 **매출 누락**으로 의심한다. 만약 빌려준 돈을 받은 것이라면 차용증을, 개인 자금을 넣은 것이라면 그 원천을 입증해야 한다. 입증 실패 시 상속세는 물론 소득세와 부가세가 줄줄이 따라온다.

Q2. 출금액 3억 원 중 상속세가 부과되는 항목은?

- 거래처 1억 원 : 세금계산서와 송금 내역이 있다면 통과된다.
- 배우자 1억 원 : 단순 생활비라 주장해도 증빙이 없으면 사전증여 혹은 상속추정 재산으로 본다(소액은 생활비로 봐주는 경우가 많다).
- 사용처 모름 1억 원 : 전형적인 상속추정 대상이다. 증명 책임은 상속인에게 있으며, 소명 실패 시 이의 **80% 선**에서 상속재산에 가산된다.

Q3. 자영업자가 개인보다 상속추정에 불리한 이유는?

현금거래가 많고 장부가 불완전하기 때문이다. 근로자는 급여 통장 하나만 소명하면 되지만, 자영업자는 사업용 계좌의 수많은 입출금 내역을 일일이 증빙해야 하므로 소명의 난도가 **10배**는 높다.

3. [전략 가이드] 계좌 구분이 곧 절세인 이유

구분	계좌 분리 성공(추천)	계좌 혼용(위험)
사업용 계좌	매출·비용 증빙 용이 (부가세·소득세 방어)	모든 입금이 매출 누락으로 의심받음
개인용 계좌	생활비 지출 증빙 (상속추정 위험 감소)	모든 출금이 증여나 재산 은닉으로 보임
조사 대응	설명 구조가 단순해 조사 조기 종결 가능	소명 책임 폭주로 인한 가산세 폭탄 위험

계좌를 구분하면 사업용 계좌는 매출과 비용의 흐름이 명확해져 소득세·부가세·상속세까지 모두 방어할 수 있고, 개인용 계좌는 생활비와 개인 소비가 분리되어 상속추정제도 적용 가능성이 줄어들며, 상속세 조사 시에도 설명 구조가 훨씬 간단해진다.

반대로 구분을 하지 않으면,

- 모든 입금 = 상속재산 의심
- 모든 출금 = 사용처 소명 부담 → 상속세 폭탄의 출발점이 된다.

사장 계좌 관리 생존 3계명

1. 명의 이전을 우습게 보지 마십시오 : 자녀 계좌를 빌려 사업자금을 관리하는 것은 국세청에 '우리 집을 털어주세요'라고 광고하는 것과 같습니다.
2. 사망 전 1~2년, 인출을 멈추십시오 : 1년 이내 2억 원, 2년 이내 5억 원 이상 인출 시 상속추정의 칼날을 피하기 어렵습니다. 거액의 자금 집행이 필요하다면 반드시 **세무 증빙**을 남겨야 합니다.
3. 용도 불명 금액은 미리 정리하십시오 : 장부상 현금과 실제 통장 잔액이 맞지 않는다면, 상속이 발생하기 전에 전문가와 상의해서 원인을 파악하고 **소명 논리**를 세워 두어야 합니다.

불성실 신고의 부메랑 :
부가세·소득세·상속세 삼중 폭탄

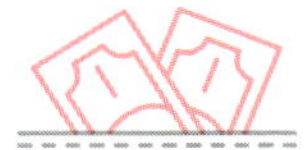

자영업자가 평소 부가가치세와 소득세를 불성실하게 신고했다면, 상속은 그동안 쌓아온 탈세의 마일리지가 한꺼번에 청구되는 날이다. 국세청은 하나의 매출 누락을 발견하는 순간, 이를 3개의 세목으로 분리해서 공격한다. 벌 때는 조금 아낀 것 같지만, 상속할 때는 번 돈보다 더 많은 세금을 낼 수도 있는 이 삼중 폭탄의 원리를 알아야 한다.

1. 하나의 누락, 3개의 세금 : 과세 메커니즘

① 부가가치세 & 소득세 : 7년의 소급 추징

상속세 조사는 과거를 털어보는 **타임머신**이다. 매출 누락이 확인되면 국세청은 통상 7년 전(무신고 시, 과소신고는 5년)까지 거슬러 올라가 부가세와 소득세를 가산세(최대 40%)와 함께 추징한다.

② 상속세 : 죽은 돈의 부활

이미 써버려서 세상에 없는 돈이라도 사용처를 입증하지 못하면 국세청은 이를 **상속추정 재산**으로 간주한다. 즉, 실제 재산 목록에는 없는데 세금계산서에는 포함되는 기현상이 발생한다.

2. [실무 사례] 현금매출 5억 원 누락이 부른 6억 원의 청구서

〈분석 자료 : 사장 K씨의 현금매출 누락〉

- 누락 금액 : 5억 원(현금)
- 상황 : 2억 원은 개인 계좌 보관 중, 3억 원은 행방불명

Q1. 부가세와 소득세는 얼마나 나오나?

- 부가세 : 본세 5,000만 원 + 가산세 등 합계 = 약 7,000만 원
- 소득세 : 본세 2억 원 + 가산세 등 합계 = 약 3억 원

합계의 사업 관련 세금만으로 벌써 약 3.7억 원이 날아간다.

Q2. 여기서 상속세가 또 붙는다고?

- 확인된 2억 원 : 상속재산에 2억 원이 그대로 더해진다.
- 행방불명 3억 원 : 상속인이 사용처를 소명하지 못하면 상속추정으로 재산에 합산된다.

▶ 결과 : 만약 4억 원이 상속재산에 가산되고 상속세율 50%를 적용받는다면, 2억 원의 상속세가 추가된다.

Q3. 최종 결산은 어떠한가?

5억 원을 누락했는데, 추징되는 세금은 약 5.7억 원(소득세는 지방세 포함)에 달할 수 있다. 배보다 배꼽이 더 큰 상황이 실제로 벌어진다.

3. [체크리스트] 사장을 위한 계좌 관리 5대 생존 전략

단순한 실수로 치부하기에는 리스크가 너무 크다. 지금 당장 이 5가지를 점검해보자.

체크포인트	실천 지침	기대 효과
계좌 분리	사업용과 개인용을 철저히 분리	매출 누락 및 상속재산 오해 방지
입금 출처	모든 입금액의 근거를 메모·확보	소득세 탈루 의혹 원천 차단
가족 송금	생활비라도 증빙(생활비 계좌) 남기기	사전증여 및 상속추정 방어
고액 출금	사용처가 불분명한 현금 인출 자제	상속세 가산 리스크 제거
최근 2년 관리	사망 직전 2년 기록 집중 관리	상속추정제의 표적에서 탈출

Expert Tip **불성실 신고의 대가는 상속할 때 가장 혹독하다**

많은 사장님이 세무 조사는 운이 나빠서 나오는 것으로 생각합니다. 하지만 상속세 조사는 **확정된 미래**입니다.

1. 과거의 매출 누락은 현재의 빚입니다 : 상속인이 이 빚을 대신 갚느라 상속받은 부동산을 급매하는 경우가 허다합니다.
2. 소득 신고와 재산 증식의 균형을 맞추십시오 : 버는 돈은 적은데 사는 집과 차가 좋아진다면 **국세청의 인공지능(PCI 시스템)**이 가장 먼저 잡아냅니다.
3. 상속 2년 전부터는 계좌를 박제한다는 기분으로 관리하십시오 : 1년 내 2억 원, 2년 이내 5억 원 인출은 국세청이 주는 마지막 경고등입니다.

600억 원의 마법, 가업상속공제 : 자영업자도 가능할까?

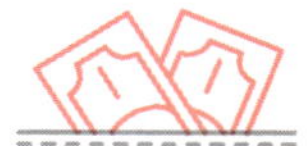

사업 규모가 커질수록 상속세는 가업 승계의 가장 큰 걸림돌이 된다. 평생 일궈온 사업체를 세금을 내느라 팔아야 하는 비극을 막기 위해 국가는 **가업상속공제**라는 파격적인 혜택을 준다. 하지만 이 혜택은 공짜가 아니다. 단 하나의 요건이라도 어긋나면 수십억 원의 공제액이 순식간에 추징 세액으로 변하는 독이 든 성배가 될 수 있다.

1. 자영업자가 통과해야 할 4가지 바늘구멍 요건

가업상속공제는 신고 때 갑자기 신청하는 것이 아니라, 최소 10년 전부터 설계해야 하는 장기전이다.

① 피상속인(부모) : 10년 이상의 진짜 경영

단순히 사업자등록만 되어 있는 것이 아니라, **10년** 이상 실질적으로 공제가 적용되는 업종을 영위해야 한다. 업종 변경이나 잦은 휴·폐업 이력은 결격 사유가 될 수 있다.

② 상속인(자녀) : 2년 전부터 현장 투입

상속개시일 2년 전부터 가업에 종사해야 한다. 이름만 올려두고 월급만 받아간 자녀는 국세청의 현장 조사에서 단번에 걸러진다.

③ 상속 후 2년

대표이사 취임상속인은 상속을 받은 후 2년 이내에 반드시 **대표자로 취임**해야 한다. 경영 일선에 직접 뛰어들 준비가 되어 있어야 한다는 뜻이다.

④ 사후 관리 : 5년간의 가시방석

공제를 받았다고 끝이 아니다. 상속 후 5년 동안 가업 자산을 팔아서도 안 되고, 업종을 함부로 바꿔서도 안 되며, 고용 인원도 유지해야 한다.

2. [실무 사례] 50억 자산가 사장의 진짜 공제액은?

〈분석 자료 : 25년 제조업 영위 K씨〉
• 사업용 자산 : 50억 원(현금 10억 원 포함)
• 사업용 부채 : 10억 원
• 가업 기간 : 25년(최대 400억 원 한도 적용 구간)

Q1. 사업 순재산 40억 원(50억 원-10억 원) 전액 공제 가능한가?

아니다. 불가능하다. 자영업자 가업상속공제에서 가장 주의할 점은 **사업에 직접 쓰이는 자산**만 대상이라는 점이다. 현금 10억 원과 임대용 부동산은 공제 대상에서 제외된다. 따라서 실제 공제 대상은 30억 원으로 줄어든다.

Q2. 개인사업자는 현금이 왜 공제 대상에서 빠지나? 법인은 어떤가?

개인사업자의 현금은 언제든 개인적으로 인출할 수 있다고 보기에 가업 유지와 관련성이 낮다고 판단한다. 반면, 법인은 경영에 필요한 일정 수준의 현금(5년 평균 현금의 200%)을 사업용 자산으로 인정해주는 **특례**가 있어 훨씬 유리하다.

Q3. 장부가 부실해도 공제받을 수 있나?

단순 부실은 가능할 수 있지만, 조세 포탈이나 회계 부정으로 형이 확정된 전력이 있다면 공제는 전면 배제된다. 깨끗한 장부가 600억 원 공제의 시작이다.

3. [전략 표] 자영업자가 가업상속공제에서 탈락하는 5대 사유

탈락 사유	실무적 실수	결과
종사 요건 미달	자녀가 타 직장에 근무하며 이름만 등재	공제 전액 배제
경영 참여 부실	명목상 대표 취임 후 실질 경영 부재	사후 관리 단계에서 추징
자산 구분 실패	임대 부동산, 유휴 현금의 과다 보유	공제액 대거 삭감
사후 관리 위반	5년 내 자산 처분 혹은 고용 인원 감소	공제액 + 이자 추징
불성실 신고	매출 누락 등 조세 포탈 이력 존재	가업의 도덕성 부인 및 공제 취소

Expert Tip 　자영업 사장님을 위한 가업 승계 3계명

1. **법인전환**을 검토하십시오 : 현금 자산이나 임대 부동산 비중이 높다면, 법인으로 전환해 공제 대상 자산의 범위를 넓히는 것이 훨씬 유리합니다(물론 정통한 세무사를 곁에 두고 의사결정을 하세요).

2. 자녀의 급여와 업무 기록을 남기십시오 : 출근부, 보고서, 결재 서류 등 자녀가 실질적으로 가업에 종사했다는 증거를 2년 전부터 촘촘히 쌓아야 합니다.

3. 5년의 사후 관리를 명심하십시오 : 공제받은 세금은 5년 동안 국세청에서 빌려온 돈입니다. 사후 관리 기간 중 대규모 구조조정이나 자산 매각은 세무 전문가와 반드시 상의 후 결정하십시오.

절세 탐구 — 상속세 골든타임, 자영업 사장님이 반드시 법인전환을 고민해야 하는 이유

많은 사장이 소득세가 많이 나오면 법인전환을 고민한다. 하지만 진짜 고수들은 상속세 때문에 법인으로 바꾼다. 개인사업자라는 거친 옷을 벗고 **법인**이라는 정교한 슈트를 입는 순간, 상속 설계의 자유도가 180도 달라지기 때문이다.

1. 상속세 측면에서 법인이 유리한 3가지 이유

① 가업상속공제의 범위가 넓어진다. (현금의 마법)

앞에서 보았듯이 개인사업자는 통장에 있는 현금을 사업용 자산으로 인정받기 매우 어렵다. 하지만 법인은 다르다. 법인 명의의 예금은 경영에 필요한 자산으로 인정되어 가업상속공제 대상에 포함될 수 있다. 10억 원의 현금이 공제 대상이 되느냐, 안 되느냐는 수억 원의 **세금 차이**를 만든다.

② 재산의 가치를 주식으로 쪼개고 분산할 수 있다.

부동산이나 공장은 쪼개서 증여하기 어렵지만, 법인의 주식은 1주 단위로 나눌 수 있다. 자녀에게 매년 조금씩 주식을 증여해 자산 가치 상승분을 미리 이전할 수 있고, 이는 나중에 상속재산의 덩어리를 **획기적으로 줄이는 결과**로 이어진다.

③ 영업권을 공식적으로 인정받고 현금화할 수 있다.

개인사업자가 법인으로 전환할 때, 그동안 쌓아온 사업의 무형 가치인 영업권을 법인에 팔 수 있다. 사장은 그 대가로 현금을 확보(소득세 절세)하고, 법인은 이 영업권을 비용 처리(법인세 절세)할 수 있는 **일거양득의 효과**가 있다.

2. [비교표] 개인사업자 vs 법인사업자의 상속·증여 차이

구분	개인사업자	법인사업자
재산의 형태	부동산, 기계, 예금 등 개별 자산	주식(지분)
자산의 평가	시가(감정평가 등) 적용 리스크 큼	주식 가치 평가(순자산+순손익)
증여의 용이성	개별 자산 등기·등록 필요(복잡)	주식 증여로 간주(간편)
가업상속공제	가업용 자산만 인정 (현금·임대 제외)	사업 무관 자산 외 전체 주식 가치
자금 출처	사업소득과 개인 자산 혼재 (조사 위험)	급여·배당을 통한 명확한 근거 형성

3. [실무 사례] 법인전환을 선택한 사장 K씨의 반전

분석 자료

- 개인사업체 순이익 : 연 4억 원
- 보유 부동산 시가 : 50억 원(공장)
- 사장 급여 : 월 2,000만 원 필요

Q1. 법인으로 전환하면 당장 무엇이 좋은가?

개인일 때는 4억 원 전체에 대해 **'40% 정도의 소득세'**를 냈지만, 법인이 되면 사장의 급여(비용)를 뺀 나머지 이익에 대해 **낮은 법인세율(10~20% 선)**만 적용받는다. 여기서 아낀 세금으로 상속세 낼 재원을 마련할 수 있다.

Q2. 자녀에게 물려줄 때 주식이 왜 유리한가?

공장 건물 자체를 자녀에게 증여하면 취득세와 증여세가 엄청나다. 하지만 법인 주식을 조금씩 증여하면 부동산 명의 변경 없이도 실질적인 소유권을 이전할 수 있다. 나중에 공장 가격이 100억 원으로 뛰어도, 자녀가 가진 주식 지분만큼은 상속세 대상에서 빠진다.

 법인전환, 이때가 최적기입니다!

1. 이익이 많이 날 때 : 소득세 부담이 임계점을 넘었을 때가 전환의 신호입니다(단, 개인사업자의 매출이 **성실신고 수준**을 넘은 상태에서 법인전환을 하면 법인도 3년간 성실신고를 적용받게 되니 될 수 있으면 매출이 본격적으로 오르기 전에 전환하세요).
2. 부동산 가치가 오르기 전 : 자산 가치가 급등하기 전에 법인으로 넘겨야 전환 시 발생하는 **취득세와 양도세** 부담이 적습니다.
3. 가업 승계를 고민하기 시작할 때 : 최소 10년의 가업 경영 기간을 채워야 하므로, 은퇴를 고민하기 훨씬 전부터 법인 구조를 만들어두어야 합니다.

제 5 장

[임대업자 편] :
꼬마빌딩 감정평가 대응과
수익형 자산 승계법

건물주를 울리는 상속세 : 자산은 부자인데 낼 현금은 없다?

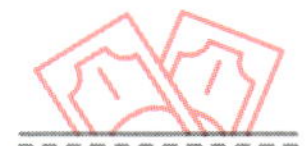

임대업자에게 상속세는 인생의 마지막이자 가장 큰 고비다. 겉으로 보기엔 번듯한 건물을 가진 안정적인 자산가처럼 보이지만, 실상은 부동산이라는 거대한 자산에 묶여 현금 흐름은 턱없이 부족한 경우가 많기 때문이다. 임대업자가 유독 상속세라는 파도 앞에서 쉽게 무너지는 이유가 무엇인지, 그 냉혹한 현실을 직시해야 한다.

1. 임대업자가 상속세의 먹잇감이 되기 쉬운 5가지 이유

첫째, 자산 가치는 천정부지인데 세금 낼 현금이 없기 때문이다.

부동산 가치는 수십 년 사이 몇 배로 뛰었지만, 매달 들어오는 월세는 생활비와 대출 이자, 유지비로 빠져나간다. 막상 수십억 원의 상속세 고지서를 받으면, 건물을 급매하거나 대출을 무리하게 끌어쓰다 결국 자산 기반이 흔들리는 비극이 발생한다.

둘째, 가업상속공제라는 필살기가 없기 때문이다.

제조업이나 건설업은 가업 승계를 위해 최대 600억 원까지 세금을 깎아주지만, 임대업은 공제 대상에서 아예 제외된다. 똑같은 100억 원의 자산이라도 공장 사장은 세금이 0원일 때, 건물주 자녀는 30~40억 원의 세금을 생돈으로 내야 한다.

셋째, 국세청 직권 감정평가의 1순위 타깃이기 때문이다.

임대용 상가나 꼬마빌딩은 아파트처럼 유사 매매사례가 흔치 않다. 이를 틈타 기준시가로 낮게 신고하면, 국세청은 어김없이 **감정평가**라는 칼을 빼 들어 시가를 재산정하고 세금을 추징한다.

▶ 국세청 전산시스템에 들어앉아 있는 데이터는 무궁무진하다. 가격에 대한 정보 또한 마찬가지다. 이런 데이터는 AI에 의해 자동으로 추출된다.

넷째, 대출이 많아도 세금은 줄지 않기 때문이다.

'빚이 많으니 상속세는 별로 없겠지'라는 생각은 위험하다. 부동산 가격 상승 폭이 대출 증가액을 훨씬 앞지르기 때문이다. 게다가 가족 간의 불분명한 채무는 국세청 조사에서 부채로 인정받지 못하는 경우가 허다하다.

다섯째, 처분 시 양도세까지 더해지는 연쇄 폭탄이 기다리기 때문이다.

상속세를 내려고 건물을 팔면 양도세가 발생한다. **상속세·양도세·증여세**가 연달아 터지면 자산의 절반 가까이가 세금으로 사라지는 마법을 경험하게 된다.

2. [실무 사례] "건물을 미리 팔거나 증여하면 어떨까?"

Q1. 사망 직전에 건물을 팔아서 현금으로 주면 절세가 되나?

가장 피해야 할 선택이다. 양도세는 양도세대로 내고, 남은 현금은 고스란히 상속재산에 포함된다. 특히 사망 직전 급매는 국세청의 **처분재산 상속추정**에 걸려 사용처를 일일이 소명해야 하는 지옥이 펼쳐진다.

Q2. 임대료 수익은 상속세와 상관없지 않나?

간접적으로 큰 영향을 미친다. 축적된 임대료 예금은 당연히 상속재산이고, 높은 월세 수익은 국세청이 감정평가를 할 때 부동산의 가치를 높게 매기는 근거가 된다. 수익이 높을수록 세금도 비싸지는 구조다.

Q3. 보증금이 많은데, 이것도 빚으로 빼주나?

임대보증금은 나중에 돌려줄 돈이므로 채무로 공제된다. 하지만 보증금이 많다는 것은 그만큼 상속인이 세금을 낼 때 쓸 수 있는 가용 현금이 부족하다는 뜻이기도 하다. **서류상 채무**일 뿐 세금 낼 돈은 아니기 때문이다.

1. 법인전환은 선택이 아닌 필수일 수 있습니다 : 가업상속공제를 못 받는 임대업자에게 법인화는 증여와 승계의 난도를 낮춰주는 유일한 탈출구가 될 수 있습니다.

2. 법인전환을 할 때는 당장 지출되는 취득세 등의 크기와 향후 절감되는 소득세·상속세 등을 **파악**해야 합니다.

3. 현금 재원(종신보험 등)을 미리 마련하십시오 : 건물을 팔지 않고 상속세를 낼 수 있는 현금 주머니를 미리 준비하는 자만이 건물을 온전히 지켜냅니다.

4. 감정평가를 역이용하십시오 : 국세청에 **주도권**을 뺏기기 전에 미리 낮은 가액으로 감정평가를 받아 시가를 확정 짓는 전략이 필요합니다(물론 감정평가를 무턱대고 하는 것은 바람직하지 않습니다).

임대업, 기준시가 vs 시가 논쟁 : 답은 정해졌다

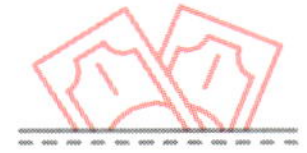

임대업 상속에서 가장 뜨거운 감자는 단연 부동산 가액이다. 많은 임대업자가 '공시가격(기준시가)으로 신고했으니 끝났다'라고 생각하지만, 국세청의 생각은 다르다. 상속세법의 대원칙은 **시가 과세**이며, 기준시가는 시가를 도저히 알 수 없을 때만 쓰는 차선책일 뿐이기 때문이다.

1. 기준시가 신고가 임시 선택인 3가지 이유

첫째, 세법은 기준시가보다 시가가 형님이기 때문이다.

매매사례가액이나 감정평가가액이 단 하나라도 존재한다면 기준시가는 힘을 잃는다. 임대 부동산은 거래가 뜸해 보여도 국세청이 인근 유사 물건의 사례를 찾아내는 순간, 기준시가 신고는 즉시 부인된다.

둘째, 국세청은 감정평가라는 조커 카드를 갖고 있기 때문이다.

기준시가로 낮게 신고된 꼬마빌딩을 보면 국세청은 가만히 있지 않는다. 직접 예산을 들여 감정평가를 하고, 그 결과 나온 높은 가액으로 세금을 다시 매긴다. 이것이 바로 임대업자들이 가장 두려워하는 **사후 추징**의 실체다.

셋째, 안전한 신고는 주도권을 쥐었을 때만 가능하기 때문이다.

국세청이 시가를 정하게 내버려두는 것은 고양이에게 생선을 맡기는 격이다. 내가 먼저 시가를 입증하지 못하면, 국세청이 정한 **가장 높은 시가**를 받아들여야 하는 상황에 부닥치게 된다.

2. [실무 사례] 기준시가 vs 시가, 어디서 운명이 갈리나?

Q1. 남들도 다 기준시가로 낸다던데, 나만 걸릴까?

과거에는 그랬을지 모른다. 하지만 최근 국세청은 고가 상가나 꼬마 빌딩에 대해 현장 확인과 감정평가를 거의 필수 코스로 진행한다. '운 좋게 넘어가겠지'라는 기대는 절세 전략이 아니라 도박에 가깝다.

Q2. 국세청은 어떤 순서로 내 건물의 값을 매기나?

- ▶ 유사 매매사례 : 인근에 비슷한 건물이 최근에 팔린 적이 있는지 확인한다.
- ▶ 직권 감정평가 : 사례가 없다면 2~5곳의 감정평가법인을 동원해 평균값을 낸다.

Q3. 내가 미리 감정평가를 받으면 손해 아닌가?

오히려 이득일 수 있다. 국세청이 휘두르는 칼날을 기다리기보다 내가 신뢰할 만한 평가사를 통해 **통제된 범위 내의 합리적인 시가**를 먼저 제시하는 것이 분쟁의 범위를 좁히는 훨씬 똑똑한 방어 전략이다.

3. [전략 표] 임대용 부동산 평가의 우선순위

국세청이 계산기를 두드리기 전에 우리가 먼저 체크해야 할 순서다.

순위	평가 방법	적용 조건	비고
1순위	시가(매매·감정)	상속 전후 6개월 이내 실거래가 존재 시	절대적 기준
2순위*	보충적 평가(MAX)	시가를 도저히 알 수 없을 때 적용	아래 3개 중 가장 큰 금액 적용
	① 기준시가	국세청·지자체 공시가격	가장 흔한 착각의 기준
	② 임대료 환산액	(1년 임대료 / 12%) + 보증금	수익률 좋은 건물은 이 금액이 많음.
	③ 채권담보 평가액	은행 대출 시 평가받은 금액	대출 꽉 채운 건물은 주의

* 2순위로 신고 시 국세청이 감정평가를 할 수 있음에 유의할 것

Expert Tip 시가가 없다고 방심하지 마십시오

임대료가 잘 나오는 건물은 기준시가로 신고해도 국세청이 **수익 환원법을** 적용해 가치를 높게 재산정할 수 있습니다.

1. 대출을 많이 받았다면 : 은행의 감정평가서가 이미 국세청 전산에 들어가 있을 확률이 높습니다.
2. 임대료가 높다면 : 기준시가보다 **임대료 환산가액**이 더 크게 나올 수 있으니 미리 계산해봐야 합니다.
3. 결론은 선제 대응입니다 : 국세청이 감정평가를 하기 전에, 전문가와 상의해서 가장 유리한 평가 시점과 논리를 선점하십시오.

기준시가 전략적 신고, 신의 한 수일까,
조사의 미끼일까?

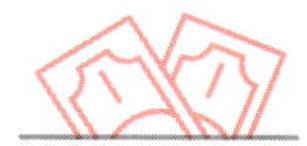

임대업자들 사이에서는 "기준시가(공시가격)로 신고하는 게 장땡이다"라는 말이 정설처럼 떠돈다. 하지만 기준시가는 무조건 유리한 마법의 카드가 아니다. 어떤 상황에서는 세금을 아껴주는 효자가 되지만, 어떤 상황에서는 국세청 조사관을 우리 집으로 불러들이는 초대장이 되기도 한다. 기준시가 신고는 언제 하고, 언제 피해야 할까?

1. 기준시가 신고의 두 얼굴

① 이런 분들에게는 유리(최저가 전략)

- 거래가 거의 없는 오지나 지방의 토지, 건물을 보유한 경우
- 물건의 개별성이 너무 강해(특수 용도 등) 비교할 만한 매매사례가 아예 없는 경우
- 기준시가와 실제 시세의 차이가 크지 않아 국세청이 굳이 감정평가 예산을 쓸 실익이 없는 경우

▶ 결론 : 이때의 기준시가는 분쟁을 최소화하는 **가장 합리적인 수단**이다.

② 이런 분들에게는 불리(조사의 타깃)

- 서울·수도권의 꼬마빌딩이나 상가 등 수익형 부동산을 보유한 경우
- 인근에 최근 1~2년 내 팔린 비슷한 건물이 있는 경우
- 기준시가는 10억 원인데, 시세는 20억 원인 것처럼 그 괴리가 너무 큰 경우

▶ 결론 : 이때의 기준시가는 국세청의 사후 부인을 유도하는 **위험한 도박**이다.

2. [실무 사례] 국세청의 계산기는 멈추지 않는다

Q1. 기준시가로 냈는데 나중에 세무서에서 딴소리하면 어떡할까?

국세청은 신고 내용을 그대로 믿어주는 기관이 아니다. 특히 임대업 부동산은 상속세 조사 과정에서 직권 감정평가를 할 확률이 매우 높다. 기준시가 신고가 부인되는 순간, 차액에 대한 본세는 물론이고 **자칫 조사 범위가 확대**될 수도 있다.

Q2. 국세청이 감정평가를 할지, 안 할지 어떻게 알 수 있나?

국세청도 예산을 쓴다. 따라서 **세수 증대 효과**가 확실할 때 움직인다.
- 기준시가로 신고해서 상속세가 0원이 되거나 급격히 줄어든 경우
- 누가 봐도 고가인 수익형 부동산인데 공시가격만 고집하는 경우
국세청은 이럴 때 어김없이 감정평가라는 칼을 빼 든다.

3. [전략 표] 부인당하지 않는 최적 가액 찾기

가장 낮은 가액이 아니라, 국세청이 인정할 수밖에 없는 가액을 찾는 것이 진짜 실력이다.

상황	추천 신고 방법	핵심 논리
시가가 명확할 때	시가(실거래가) 신고	팩트는 숨길 수 없다
분쟁이 예상될 때	사전 감정평가 신고	내가 주도하는 시가로 방어
시가가 불분명할 때	기준시가 신고	법이 정한 보충적 방법 활용

※ 감정평가를 입맛에 맞게 잘 받는 요령

1. 감정평가액을 높이고 싶은 경우

- 목적 : 담보 대출 한도 증액, 보상금 증액, 자산 재평가 등
- 비교 사례(사례지) 제시 : 인근에서 최근에 가장 비싸게 거래된 유사 부동산 자료를 평가사에게 적극적으로 제공
- 유리한 조건 강조 : 리모델링 내역, 우수한 조망권, 향후 개발 호재, 임대 수익률 등 객관적 가치를 높일 수 있는 증빙자료를 준비
- 현장 점검 대비 : 건물의 관리 상태가 좋아 보이도록 정리하고, 평가사 방문 시 물리적 하자가 드러나지 않게 관리

2. 감정평가액을 낮추고 싶은 경우

- 목적 : 상여·증여세 절세, 경매 낙찰 전략 등
- 부정적 요인 부각 : 소음, 악취, 일조권 침해, 노후화된 시설, 불합리한 구조 등 가치 하락 요인을 목록화해 전달
- 보수적 사례 활용 : 최근 거래 중 급매물이나 저가에 거래된 사례를 참고자료로 제출해서 시장의 내림세를 강조
- 공법상 제한 강조 : 해당 토지나 건물에 걸려 있는 토지이용규제나 건축 제한 사항을 상세히 설명해서 이용 가치가 낮음을 어필(감정평가 세무처리법은 저자의 《부동산 감정평가 세무 가이드북》 참조).

최근 법원 판결과 국세청의 행정 관행을 종합해볼 때, 우리가 세워야 할 실전 가이드라인은 다음과 같습니다.

1. 차액이 5억 원 이하인가? 기준시가와 예상 시가의 차이가 **5억 원 이내**라면 기준시가 신고를 적극적으로 검토하십시오. 국세청이 직권 감정을 할 명분이 상대적으로 약합니다.

2. 차액이 5억 원을 초과하는가?

   • 아파트 : 고민할 것 없이 감정평가가 안전합니다.

   • 상가·빌딩·토지 : 무조건 기준시가를 고집하기보다, 전문가 2~3인의 의견을 들어본 후 **전략적 감정평가**를 받을지 결정해야 합니다.

3. 불복을 염두에 두십시오 : 만약 기준시가로 신고했다가 국세청이 직권 감정을 한다면, 가산세는 면제되므로 그 이후 **불복 절차**를 통해 다퉈볼 여지는 남아 있습니다(2장을 참조하세요).

전세보증금의 역습 : 사용처를 증명하지 못하면 벌어지는 일들

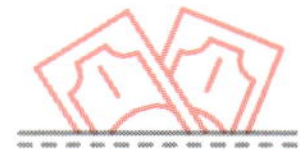

    임대업자에게 전세보증금은 이자 없이 쓸 수 있는 좋은 자금처럼 보인다. 상속세 계산에서도 당연히 갚아야 할 부채로 차감될 것이라 믿는다. 하지만 세무 조사의 현장에서 전세보증금은 **가장 많이 부인당하는 채무** 중 하나다. 보증금을 받는 순간보다 그 돈을 어디에 어떻게 썼는지 기록하는 것이 훨씬 중요한 이유가 여기 있다.

1. 전세보증금이 가짜 빚으로 의심받는 3가지 순간

첫째, 계약서만 있고 실질이 없을 때

    국세청은 종이 서류만 믿지 않는다. 실제로 임차인이 거주하고 있는지, 전입신고와 점유가 확실한지 현장 확인을 한다. 만약 가족이나 지인이 이름만 올려둔 **허위 계약**으로 의심된다면, 보증금은 부채로 인정받지 못하고, 오히려 상속세만 늘어난다.

둘째, 보증금을 받았는데 돈의 행방이 묘연할 때

거액의 보증금을 수령한 뒤 개인 계좌로 옮겨 생활비나 자녀 지원금으로 섞어 썼다면 재앙이 시작된다. 국세청은 이를 **상속추정** 규정에 묶어버린다. 즉, 국세청은 "보증금 3억 원을 어디에 썼는지 증명해보시지요. 못 하겠다면 이 돈은 미리 자녀에게 줬거나 어딘가에 숨겨둔 재산으로 보고 세금을 매기겠습니다"라고 한다.

셋째, 반환할 능력이나 재원이 보이지 않을 때

빚은 있는데 갚을 돈이 전혀 없다면 국세청은 의심한다. 보증금을 생활비로 다 써버렸다면, 국세청은 이를 부채가 아니라 **자산의 사전 인출**로 보아 상속재산가액에 다시 합산해버릴 수 있다.

2. [실무 사례] 사라진 보증금 3억 원의 비극

〈분석 자료 : 임대인 K씨의 상황〉

- 보증금 수령 : 3억 원
- 사용처 : 병원비, 생활비, 자녀 전세금 지원 등(증빙 부실)
- 상속 시점 잔액 : 0원

Q1. 보증금 3억 원은 상속재산에서 빚으로 빠질 수 있나?

이론적으로는 부채다. 하지만 실무에서는 **입증 전쟁**이 벌어진다. 3억 원이라는 거액이 상속 개시 전에 사라졌기 때문에, 상속인은 이 돈의 사용처를 일일이 소명해야 한다. 만약 자녀 지원에 썼다면 증여세가, 용도를 모른다면 상속세가 추가로 붙는다.

Q2. 계약서가 있는데 왜 빚으로 인정을 안 해주나?

세법에서 채무는 **실질적으로 상속인이 갚아야 할 의무**가 있어야 한다. 자금 흐름이 불분명하면 국세청은 이를 세금을 줄이기 위해 만들어낸 가공의 채무로 의심할 권한이 있다. 결국, 자금 흐름의 입증이 계약서보다 힘이 세다.

3. [체크리스트] 내 보증금을 진짜 빚으로 지키는 법

점검 항목	핵심 요건	대비 전략
형식 요건	임대차계약서 및 확정일자	계약 갱신 시마다 서류 최신화
실질 요건	임차인의 실제 거주 여부	관리비 납부 내역 등 거주 증빙 확인
사용처 입증	보증금 수령 후 자금 흐름	전용 계좌를 만들어 지출 내역 기록
분리 관리	개인 생활비와 혼용 금지	고액 인출 시 반드시 영수증 확보
반환 재원	상속 시 환급 가능성	보증금 수준의 유동성(예금 등) 유지

> **Expert Tip** **보증금은 시한폭탄이 될 수 있습니다**
>
> 1. 보증금을 자녀에게 그냥 주지 마십시오 : 보증금으로 자녀 집을 사주는 순간, 그 돈은 빚이 아니라 사전증여가 되어 10년 동안 상속세 계산기에 머물게 됩니다.
> 2. 생활비로 쓸 때도 기록이 생명입니다 : 병원비나 간병비로 보증금을 썼다면 반드시 해당 병원의 **영수증**을 챙겨두어야 합니다. "그냥 썼다"라는 말은 세무 조사에서 가장 무책임한 답변입니다.
> 3. 전용 계좌를 만드십시오 : **임대보증금만 따로 관리하는 통장**을 운영하는 것만으로도 상속세 조사의 난이도가 절반으로 줄어듭니다.

공동임대업의 함정 :
계좌 관리 대충 하다가는 큰 고통이 따른다

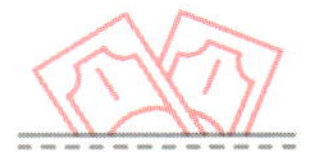

절세를 위해 부부 공동명의로 임대업을 하시는 분들이 많다. 소득세는 줄였을지 모르지만, 상속세와 증여세 국면에서는 새로운 숙제가 생긴다. 바로 수익의 분배 문제다. 공동계좌에서 돈을 뺄 때 지분비율을 무시하고 한쪽이 몰아서 썼다면, 국세청은 이를 사랑이 아니라 **세금 대상인 증여**로 해석한다.

1. 공동임대업 계좌인출이 세금 폭탄이 되는 3가지 이유

첫째, 지분을 넘어서는 순간 증여로 보기 때문이다.

50 : 50 지분이라면 수익도 반반씩 가져가야 한다. 만약 남편이 임대료 전액을 자기 계좌로 옮겨 생활비나 투자금으로 썼다면, 아내 몫인 50%는 남편이 아내에게 증여받은 것으로 추정된다.

둘째, "공동생활비였다"라는 말은 증거가 되지 못하기 때문이다.

증명 책임은 납세자에게 있다. 구체적인 병원비 영수증이나 교육비 내역 없이 "가족을 위해 썼다"라는 주장만으로는 부족하다. 국세청은 증빙 없는 인출금을 사적 소비나 **재산 은닉**으로 보고 증여세를 때릴 준비를 한다.

셋째, 상속조사의 필수 코스가 되기 때문이다.

상속이 개시되면 국세청은 고인의 계좌뿐만 아니라 공동사업 계좌의 인출 내역도 샅샅이 뒤진다. 사망 전 1~2년 이내의 고액 인출은 **상속 추정** 규정에 걸려 사용처를 입증하지 못하면 고스란히 상속재산에 합산된다.

2. [실무 사례] 지분은 반반, 인출은 남편 혼자?

〈분석 자료 : 부부 공동임대업 K씨 부부〉
- 지분 비율 : 남편 50%, 아내 50%
- 5년간 인출금 : 6억 원(전액 남편 계좌로 인출)
- 사용처 : 남편 명의 주택 취득 및 생활비

Q1. 남편이 뽑아 쓴 6억 원, 무엇이 문제인가?

남편의 정당한 몫은 3억 원이다. 나머지 3억 원은 아내의 소득을 남편이 가져간 꼴이 된다. 국세청은 이 3억 원에 대해 증여세를 부과하고, 추후 상속 발생 시 사전증여재산으로 합산해서 상속세를 다시 매긴다.

Q2. 배우자 증여공제(6억 원) 범위 내라면 괜찮지 않나?

공제 범위 안이라서 당장 낼 증여세는 없을지 모른다. 하지만 이 금액이 상속 개시 전 10년 이내라면 상속재산 가액에 합산되어 상속세율

(최대 50%)을 높이는 결정적인 역할을 하게 된다. 결국, 나중에 **세금 벼락**으로 돌아온다.

Q3. 상속 발생 시 최악의 시나리오는?

사용처 입증에 실패하면,

'상속추정 적용 + 지분 초과 인출에 대한 사전증여 합산 + 임대소득 신고 적정성 검토'라는 삼각 편대의 공격을 받게 된다.

3. [전략 가이드] 공동임대업 계좌 관리 5대 원칙

원칙	실천 지침	기대 효과
지분별 인출	소득 배분율에 맞춰 각자의 계좌로 이체	증여추정 완벽 차단
기록의 습관화	인출 시 비고 란에 생활비, 공과금 등 명시	향후 상속조사 시 해명 자료 활용
용도 분리	개인 지출은 배분받은 개인 계좌에서 결제	사업용 계좌의 투명성 유지
증빙 연결	고액 지출은 반드시 세금계산서·영수증 확보	상속추정 규정 방어
장기 보관	최소 10년 치 금융거래 내역 및 장부 보관	사전증여 합산 기간(10년) 대비

Expert Tip 공동명의의 핵심은 관리입니다

1. 정산표를 만드십시오 : 만약 한 사람의 계좌로 관리하고 있다면, 매년 말 지분에 따른 수익 배분액과 실제 인출액을 정리한 **가족 간 정산표**라도 작성해두는 것이 좋습니다.
2. 생활비 카드를 구분하십시오 : 공동계좌에 연결된 카드를 가족 모두가 쓰는 것보다. 지분만큼 이체해준 뒤 각자의 카드를 쓰는 것이 세무적으로 훨씬 깔끔합니다.
3. 상속 2년 전을 주목하십시오 : 이 기간의 인출금은 국세청이 현미경을 들이댑니다. 공동명의라고 안심하지 말고 모든 **지출의 꼬리표**를 명확히 해야 합니다.

상속세 신고 전에 팔면
이득일까, 손해일까?

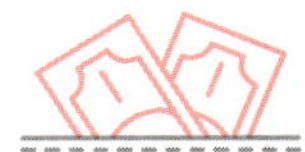

부동산은 일단 보유하는 것이 미덕이라 생각하기 쉽다. 하지만 어떤 부동산은 상속세 신고서를 제출하기 전에 파는 것이 오히려 수억 원의 세금을 아끼는 지름길이 되기도 한다. 핵심은 상속세의 기준(시가)과 양도세의 기준(취득가)을 하나로 **일치시키는 전략**이다. 국세청과 기 싸움을 벌일 바에야, 시장가격으로 승부를 봐야 한다.

1. 신고 전 매각이 신의 한 수가 되는 3가지 이유

첫째, 시가 논쟁을 단칼에 종결하기 때문이다.

기준시가나, 감정가나를 두고 국세청과 밀당할 필요가 없다. 상속 개시 후 6개월 이내에 실제로 팔린 가격은 그 자체로 **가장 강력한 시가가** 된다. 국세청도 시장에서 팔린 가격을 부인하기는 매우 어렵다.

둘째, 양도차익을 원천 봉쇄하기 때문이다.

상속받은 직후(6개월 내)에 팔면 상속받은 가액이 곧 파는 가격이 된다. 즉, '**상속가액 = 양도가액**'이 되어 양도차익이 발생하지 않게 된다. 나중에 가치가 더 오른 뒤에 팔아서 양도세를 폭탄 맞는 것보다 지금 정리하는 것이 유리할 수 있다.

셋째, 상속세 낼 실탄(현금)을 확보할 수 있기 때문이다.

임대업자의 고질병인 현금 부족 문제를 해결한다. 건물을 팔아 상속세도 내고, 남은 현금으로 자녀들이 새로운 투자 기반을 마련할 기회가 된다.

※ 여기서 잠깐!

이처럼 좋은 점은 많지만, 신고 전에 팔면(또는 감정평가를 받아두면) 해당 가액이 상속재산가액이 되므로 상속세가 올라간다는 사실은 기억해 둬야 한다. 따라서 신고 전, 파는 가격이 '**상속세 증가액 〈 양도세 절세액**' 이런 절세 공식이 성립되어야 한다.

2. [실무 사례] 감정가 12억 원 vs 매매가 10억 원, 당신의 선택은?

〈분석 자료 : 상속인 K씨의 고민〉

• 피상속인 취득가 : 4억 원
• 예상 감정가 : 12억 원
• 현재 급매가 : 10억 원
• 상황 : 상속세 낼 현금이 부족함.

Q1. 지금 10억 원에 팔면 상속세는 얼마를 기준으로 매기나?

상속 개시 후 6개월 이내에 매매계약을 체결했다면, 10억 원이 시가가 된다. 감정가(12억 원)보다 낮은 가액으로 신고할 수 있어 상속세 부담이 크게 줄어든다.

Q2. 양도세 측면에서는 어떤 이득이 있나?

매매가 10억 원이 상속세 시가가 됨과 동시에 양도세 계산 시 취득가액이 된다. 즉, **'양도가 10억 원 – 취득가 10억 원 = 차익 0'**이 되어 양도세 부담 없이 자산을 현금화할 수 있다(보유 기간 등에 따라 계산은 달라질 수 있으나 원칙적 구조임).

Q3. 6개월의 기준은 잔금일인가, 계약일인가?

가장 중요한 포인트다. 상증법상 시가로 인정받으려면 상속개시일로부터 6개월 이내에 **매매계약**이 체결되어야 한다. 계약이 늦어지면 국세청은 그 가격을 시가로 인정해주지 않고 더 높은 감정가를 들이밀 수 있다.

3. [전략 가이드] 이런 부동산은 신고 전 매각을 검토하라

대상 부동산	추천 이유	기대 효과
단기 처분 예정 자산	어차피 팔 거라면 상속세 신고 전에!	양도차익 제로화
시세 변동이 큰 자산	고점 대비 가격이 하락 중일 때	상속세 과세표준 절감
감정평가 고평가 우려	국세청 감정가가 시세보다 높을 것 같을 때	객관적 실거래가로 방어
현금 부족 부동산	상속세 낼 현금이 전혀 없을 때	급매를 통한 세원 확보 및 분쟁 방지

1. 날짜 계산은 철저히 : 상속개시일이 2월 1일이라면 8월 1일 전까지 도장을 찍어야 합니다. 8월 말 신고기한만 생각하다가 **골든타임**을 놓치는 경우가 허다합니다.

2. 특수관계인 거래는 주의 : 자녀에게 팔거나 친척에게 파는 행위는 시가로 인정받기 어렵고 오히려 조사를 부를 수 있습니다. 반드시 제삼자와의 정상적인 거래여야 합니다.

3. 취득세도 고려하십시오 : 상속으로 인한 취득세를 낸 직후 매각하게 되므로, 전체적인 세무 비용(취득세+상속세 vs 양도세)을 전문가와 정밀하게 **시뮬레이션**해야 합니다.

임대업 법인전환 : 건물주가 회장님으로 변신할 때 벌어지는 일들

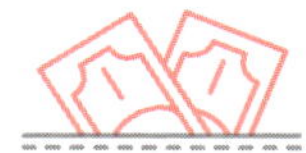

꼬마빌딩이나 상가를 보유한 임대업자들이 가장 고민하는 종착역은 결국 법인이다. '개인으로 남을 것인가, 법인으로 갈 것인가'의 선택은 단순히 매달 내는 세금의 차이를 넘어, 내 자산을 자녀에게 온전히 물려줄 수 있느냐를 결정짓는 승부처가 된다.

1. 임대업 법인전환의 3대 절세 포인트

① 소득세 vs 법인세 : 세금의 체급이 바뀐다.

개인 임대소득세는 최고 45%에 달하지만, 법인세는 보통 20% 수준이다. 여기서 절감된 세금은 법인 내부에 차곡차곡 쌓여, 나중에 자녀가 상속세를 낼 수 있는 **강력한 현금 실탄**이 된다.

② 주식 증여를 통한 상속세 사전 방어가 가능하다.

부동산 명의를 조금씩 넘기는 것은 취득세와 등기 비용 때문에 사실상 불가능하다. 하지만 법인이 되면 자산을 **주식**으로 쪼갤 수 있다. 건물 가치가 더 오르기 전에 자녀에게 주식을 증여해두면, 향후 발생하는 건물 가치 상승분은 모두 자녀의 몫이 되어 상속세 대상에서 빠진다.

③ 자녀에게 합법적인 소득원을 만들어준다.

자녀를 법인의 임직원으로 등재해 정당한 급여를 지급하거나 배당을 줄 수 있다. 이는 자녀가 나중에 상속세를 낼 때 **자금 출처**를 입증하는 가장 확실한 근거가 된다.

2. 법인전환 시 반드시 체크해야 할 리스크와 걸림돌

① 취득세와 양도세의 압박

개인 건물을 법인으로 넘길 때 취득세가 발생하며, 개인은 법인에 건물을 판 것이 되어 양도세를 내야 한다. 물론 **현물출자**나 사업양수도 방식을 통해 이 세금을 이월하거나 감면받는 방법이 있지만, 절차가 매우 까다롭다.

② 내 맘대로 못 쓰는 돈(가지급금 리스크)

법인 돈은 사장 개인 돈이 아니다. 법인 계좌에서 마음대로 돈을 빼 쓰면 가지급금이 되어 이자를 내야 하고, 심하면 횡령이나 배임 문제로 번질 수 있다. '**내 건물에서 나온 월세인데 왜 맘대로 못 쓰냐**'라는 답답함을 견뎌야 한다.

③ 가업상속공제 배제

임대업 법인은 법인이라 하더라도 여전히 가업상속공제 대상이 아니다. 따라서 법인으로 바꾼다고 해서 600억 원 공제를 기대해서는 안 된다.

3. '법인전환, 할까 말까?' 판단 기준표

구분	개인 유지가 유리한 경우	법인전환이 유리한 경우
임대 수익	연간 소득이 낮아 낮은 세율적용 시	종합소득세 부담이 임계점(40%대)을 넘었을 때
보유 목적	단기간 내 매각 후 차익 시현 예정	장기 보유 및 자녀 승계가 목적일 때
자금 용도	임대료를 생활비로 모두 써야 할 때	수익을 재투자하거나 자녀 자금으로 쌓을 때
재산 구조	부동산 가치가 정체되어 있을 때	향후 가치 상승이 확실시되는 우량 부동산

Expert Tip 법인전환의 핵심은 시점과 방법입니다

1. 감정평가액이 낮을 때 움직이십시오 : 건물의 가치가 높게 평가될수록 법인으로 넘길 때 내야 할 세금이 커집니다. 경기가 침체해 가액이 낮게 형성된 시점이 **법인전환의 골든타임**입니다.

2. 가족 법인(가족 주주 구조)을 설계하십시오 : 처음부터 자녀를 주주로 참여시켜 법인을 세우면, 향후 증여세를 한 푼도 내지 않고도 건물의 지분을 자녀에게 넘겨주는 효과를 볼 수 있습니다.

3. 건물만 넘길지, 사업 전체를 넘길지 결정하십시오 : 부동산만 법인에 임대할지, 아예 사업권 전체를 넘길지에 따라 절세 효과가 완전히 다릅니다. 이는 반드시 전문가와 **정밀 시뮬레이션**을 거쳐야 합니다.

임대업자는 살아 있을 때는 소득세를 걱정하고, 눈을 감은 뒤에는 남겨진 가족의 상속세를 걱정한다. 하지만 이 두 세금은 별개의 고민이 아니다. '평소 소득세 관리를 어떻게 하느냐'가 상속세의 성패를 결정하고, 상속세를 염두에 둔 구조 설계가 소득세를 낮춰주기 때문이다. 임대업자라면 반드시 알아야 할 **통합 절세 원칙**을 공개한다.

1. 소득세와 상속세를 동시에 줄이는 4대 원칙

첫째, 계좌를 분리하는 것이 상속세 최고의 방어다.

임대수입이 생활비 계좌와 섞이는 순간, 세무 조사의 지옥문이 열린다. **계좌를 분리**하면 소득세 신고 시 수입과 비용이 명확해질 뿐만 아니라, 상속세 조사에서 자금 출처와 인출 경로를 100% 소명할 수 있는 강력한 무기가 된다.

둘째, 상속세를 줄이는 채무 구조를 설계하라.

임대 부동산의 가치는 내가 정할 수 없지만, **채무**(보증금·대출)는 설계할 수 있다. 합법적인 채무 구조는 상속세 과세표준을 낮추는 동시에, 대출 이자 비용 처리를 통해 임대소득세를 줄여주는 일거양득의 효과를 낸다.

셋째, 급매하지 않아도 되는 환경을 만들어라.

상속세 낼 돈이 없어서 급매를 선택하는 순간, '**상속세 + 양도세 + 낮은 매각가**'라는 최악의 3연타를 맞게 된다. 연부연납(나누어 내기)이나 현금흐름 관리를 통해 부동산을 지키면서 세금을 내는 전략이 진짜 절세다.

넷째, 소득의 분산이 곧 재산의 분산이다.

배우자 지분을 활용하거나 공동임대 구조를 만드는 것은 단순히 매달 내는 소득세를 줄이는 것을 넘어, 상속재산 자체를 미리 쪼개놓는 효과를 가져온다.

2. [실무 사례] 혼돈의 계좌, 어떻게 정리해야 할까?

〈분석 자료 : 임대인 K씨의 위험한 구조〉

• 자산 : 임대 부동산 3채, 전세보증금 12억 원
• 수익 : 연 임대소득 2억 원(단독 명의)
• 문제점 : 생활비 계좌와 임대료 계좌가 하나로 뒤섞여 있음.

Q1. 계좌 혼용이 왜 상속세에서 치명적인가?

국세청은 계좌를 털었을 때 정체를 알 수 없는 입금은 매출 누락으로, 용도를 모르는 출금은 **사전증여**로 본다. K씨처럼 계좌가 섞여 있으면, 상속인은 부모님이 쓰신 모든 생활비와 용돈을 일일이 소명해야 하며, 실패할 경우 수억 원의 세금을 독박 쓰게 된다.

Q2. 전세보증금 12억 원, 정말 빚으로 인정받을 수 있나?

계약서만으로는 부족하다. 보증금을 받아서 어디에 썼는지(재투자, 생활비 등) 자금 흐름이 증명되어야 한다. 흐름이 끊기면 국세청은 이를 가짜 채무로 의심한다.

Q3. 상속세를 피하려고 지금 당장 파는 게 나을까?

"상속세를 피하려다 양도세 폭탄을 맞는다"라는 말이 있다. 지금 팔면 즉시 양도세가 발생하고, 그 현금이 남아 있으면 결국 상속세가 또 나온다. 팔기보다는 증여나 법인전환 등 보유 형태를 바꾸는 것이 유리한 경우가 많다.

3. [전략 가이드] 임대업자 통합 절세 체크리스트

구분	지금 당장 할 일	기대 효과
계좌 관리	사업용과 개인용 계좌 100% 분리	매출 누락 및 상속추정 리스크 차단
채무 관리	전세보증금 및 대출 사용처 기록	상속세 과세가액 합법적 감액
소유 구조	배우자·자녀 공동지분 및 법인전환 검토	소득세 분산 및 상속세 원천 감감
납부 재원	종신보험 가입 또는 유동성 자금 확보	상속세 납부 시 건물 급매 방지

Expert Tip 임대업 상속세는 시간이 해결해줍니다

임대업 절세는 단거리가 아니라 마라톤입니다.

1. 10년 단위로 생각하십시오 : 배우자공제(6억 원), 자녀 공제(5,000만 원)를 활용해 10년마다 지분을 조금씩 이전하는 것만으로도 상속세의 앞자리가 바뀝니다.
2. 소득세가 늘면 상속세 신호등에 불이 켜진 것입니다 : 소득이 늘어 재산이 쌓이는 속도가 빨라지면, 그만큼 상속세 폭탄도 커지고 있다는 뜻입니다.
3. 계좌는 반드시 사업용 계좌와 생활 계좌로 **분리**하세요. 공동임대업이라면 제대로 수익 금액을 배분하세요.
4. 법인이라는 방패를 고민하십시오 : 개인 명의의 한계를 느낀다면, 더 늦기 전에 임대법인으로의 전환을 전문가와 상의하십시오.

제 6 장

[일반법인 주주 편] : 주식 가치 관리로 승계 비용을 낮춰라

법인이 있으면 상속세가 줄어든다?
대표를 울리는 치명적 오해들

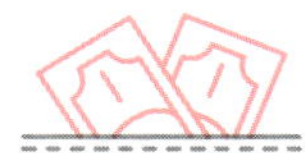

법인을 운영하는 대표들을 상담하다 보면 공통으로 하시는 말씀이 있다. "부동산도 법인 명의고, 현금도 회삿돈인데, 내 상속세랑 무슨 상관인가?" 하지만 이는 아주 위험한 착각이다. 법인은 마법의 방패가 아니다. 구조를 잘못 설계한 법인은 오히려 개인 명의 자산보다 더 무겁고 날카로운 **상속세 칼날**이 되어 돌아올 수 있다.

1. 법인 이름으로 숨겨도 상속세가 줄지 않는 3가지 이유

첫째, 이름만 부동산에서 주식으로 바뀌었을 뿐이기 때문이다.

법인이 부동산을 사고 현금을 쌓으면 법인의 가치가 올라간다. 대표가 가진 주식의 가치가 상승한다는 뜻이다. 결국, 국세청은 대표가 사망했을 때 부동산을 직접 계산하는 대신, 그 부동산값이 녹아 있는 **비상장주식**의 가치를 매겨 상속세를 청구한다.

둘째, 미뤄둔 소득세는 상속세로 강제 소환되기 때문이다.

당장 세금이 아까워 배당도 안 하고 급여도 낮게 책정해 법인에 이익을 쌓아뒀다? 당장은 소득세를 아낀 것 같지만, 그 **내부유보금**은 주식 가치를 끌어올리는 주범이 된다. 평생 아낀 소득세가 대표 사망 시점에 최고 50%의 상속세로 한꺼번에 터져 나오는 셈이다.

셋째, 비상장주식 평가는 생각보다 냉혹하기 때문이다.

'주식은 대충 평가해도 되겠지'라는 생각은 오산이다. 부동산이 많은 법인은 세법상 **순자산 가치**를 중심으로 평가된다. 즉, 법인 장부에 적힌 숫자가 아니라 국세청의 시가 평가를 거친 주식 가치가 상속인의 뒷덜미를 잡게 된다.

2. [실무 사례] 1인 주주 사장 K씨의 부풀려진 주식

〈분석 자료 : 대표 1인 주주 법인 상황〉
- 법인 보유 부동산 : 30억 원(시가 기준)
- 법인 현금 : 10억 원
- 부채 : 없음
- 배당 이력 : 거의 없음.

Q1. 법인에 현금 10억 원이 있는 게 왜 상속세에 불리한가?

대표가 100% 주주라면 법인의 현금 10억 원은 고스란히 주식 가치에 반영된다. 개인 계좌에 10억 원이 있는 것과 세무상 차이가 거의 없다. 오히려 법인 자산을 개인적으로 빼 쓰기 어렵다는 점을 고려하면 유동성 측면에서 상속인에게 더 **불리**할 수도 있다.

Q2. 배당을 안 한 것이 왜 문제가 되나?

이익을 배당으로 적절히 분산하지 않고 법인에 계속 쌓아두면(내부유보), 주식 가치는 기하급수적으로 오른다. 이 사례에서는 부동산 30억 원과 현금 10억 원이 합쳐진 40억 원 규모의 주식이 상속재산이 된다. 적절한 급여와 배당으로 법인의 몸집을 가볍게 유지하지 못한 결과다.

Q3. 대표 사망 시 주식 가치는 어떻게 매겨지나?

사망일 현재 법인이 보유한 모든 부동산을 시가로 재평가하고, 유보된 현금을 합산해 비상장주식 평가를 진행한다. 장부상의 자본금이 얼마였는지는 중요하지 않다. 사망 시점의 실질 가치가 기준이다.

3. [체크리스트] 법인 주주 사장을 위한 5대 상속 리스크 점검

점검 항목	위험 신호	대응 방향
내부유보금	이익잉여금이 과도하게 쌓여 있다.	정기 배당 및 적정 급여 설계를 통한 자산 분산
부동산 비중	자산 대부분이 부동산이다.	주식 평가 시 순자산 가치 비중 확대 대비
차입금 구조	부채가 전혀 없다.	적절한 레버리지는 주식 가치를 조절하는 수단
주식 증여	대표가 주식 100%를 쥐고 있다.	가치가 낮을 때 자녀에게 주식 증여 (지분 분산)
시뮬레이션	주식 가치를 한 번도 계산해본 적 없다.	정기적인 주식 가치 평가로 상속세 예상액 파악

1. 가벼운 배가 멀리 갑니다 : 법인 안에 불필요한 현금과 자산을 계속 쌓아두지 마십시오. 법인의 몸집을 가볍게 유지하는 것이 주식 가치를 관리하고 상속세를 줄이는 기본 중의 기본입니다.

2. 자녀에게 소득의 근거를 만들어주십시오 : 법인을 통해 자녀에게 급여나 배당을 주는 것은 향후 자녀가 주식을 증여받거나 상속세를 낼 때 **자금 출처**를 확보하는 가장 정당한 방법입니다.

3. 가업상속공제를 목표로 설계하십시오 : 요건만 맞춘다면 법인 주식 상속은 개인보다 훨씬 강력한 **공제 혜택**을 받을 수 있습니다. 지금 사장의 법인이 공제 요건을 충족하고 있는지부터 전문가와 확인하십시오.

비상장주식 평가의 마법 : 내 주식은 얼마짜리일까?

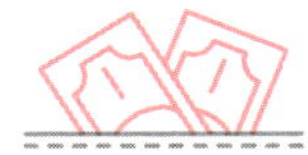

비상장주식의 가치는 대표의 기분이나 액면가가 결정하지 않는다. 세법이 정한 정교한 공식에 의해 강제로 결정된다. 많은 사장이 이 공식을 무시한 채 법인에 이익을 쌓아두다가, 나중에 계산된 주식 가치를 보고 '**내가 가진 주식이 왜 이렇게 비싸냐**'라며 경악하곤 한다. 국세청이 내 주식에 가격표를 붙이는 원리를 알아야 한다.

1. 국세청이 주식 가치를 매기는 3단계 공식

• 1단계 : "회사가 가진 게 얼마인가?" (순자산 가치)

순자산은 회사가 보유한 부동산(시가 기준), 현금, 예금에서 빚(부채)을 뺀 나머지 금액이다. 부동산 가격이 오르면 주식 가치는 가만히 앉아서 수직으로 상승한다.

- **2단계 : "회사가 얼마나 버는가?"** (순손익 가치)

최근 3년간 회사가 벌어들인 세후 이익을 기준으로 미래의 수익 능력을 평가한다. 장사가 잘될수록 주식은 귀한 대접을 받고 가격이 뛴다.

- **3단계 : "두 가치를 섞어라"** (가중평균)

국세청은 앞의 2가지 가치를 일정 비율로 섞어 최종 가격을 낸다. 단, 부동산이 많은 회사는 자산 가치에 더 큰 무게를 둔다.

2. [실무 사례] 1주당 5,000원짜리 주식이 16만 원이 되는 과정

〈분석 자료 : 사장 K씨의 1인 법인〉
- 자산 : 부동산 20억 원(시가), 현금 5억 원 / 부채 : 5억 원
- 수익 : 최근 3년 평균 순이익 1억 원
- 주식 수 : 1만 주(액면가 5,000원)

Q1. 자산으로만 평가하면 1주당 얼마인가? (순자산 가치)

- (자산 25억 원 − 부채 5억 원) ÷ 1만 주 = 20만 원이다. 액면가의 40배가 넘는다.

Q2. 수익으로만 평가하면 1주당 얼마인가? (순손익 가치)

이익 1억 원의 10배를 기업 가치로 보아 10억 원으로 환산하면, 1주당 10만 원이다. 10배는 세법에서 그렇게 하도록 하고 있다.

Q3. 최종 주식 가치는 어떻게 결정되나?

부동산 비중이 50% 미만인 일반법인이라면 [**자산 2 : 수익 3**]으로

섞는다(부동산 비중이 50% 이상이면 [자산 3 : 수익 2]로 계산한다).

- 계산 : (20만 원 × 2) +(10만 원 × 3) ÷ 5 = 14만 원

Q4. 여기서 끝인가? 하한선의 반전은?

여기서 끝이 아니다. 세법은 주식 가치가 너무 낮게 평가되는 것을 막기 위해 **순자산 가치의 80%**라는 마지노선을 두고 있다.

- 계산 : 20만 원(자산 가치) × 80% = 16만 원

▶ 결과 : 가중평균값(14만 원)보다 하한선(16만 원)이 더 높으므로, 최종 주식 가치는 16만 원으로 확정된다.

3. [전략 표] 주식 가치를 결정짓는 3대 변수

변수	주식 가치에 미치는 영향	대응 전략
부동산 비중 80% 이상	2026년 MAX[가중평균(자산 3 : 손익 2), 순자산 가치×100%]로 평가(222페이지 참조)	부동산 취득 전 증여 혹은 법인 분할 고려
내부유보금	현금이 쌓일수록 주식 가치 상승	정기 배당을 통해 법인 몸집 축소
최근 3년 이익	이익이 급증하면 주식 가치 폭등	주식 증여 전 이익 조절(비용 처리 등) 필요

Expert Tip 주식 가치 관리는 타이밍입니다

1. 이익이 적을 때 움직이십시오 : 순손익 가치가 낮아지는 해가 주식을 자녀에게 증여할 최고의 골든타임입니다.
2. 부동산 재평가 전이 기회입니다 : 국세청이 감정평가를 하거나 공시가격이 크게 오르기 전에 주식 가치를 평가해 증여를 완료해야 합니다.
3. 80% 하한선을 역이용하십시오 : 자산 가치가 너무 높다면, 적절한 부채(차입금) 활용이나 자산 매각 등을 통해 전체적인 순자산 규모를 관리해야 합니다.

주식 가치 다이어트 :
합법적으로 몸값을 낮추는 기술

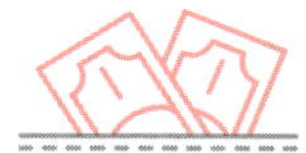

비상장주식의 가치는 공식에 의해 결정된다는 것을 알았다. 거꾸로 말하면, 그 공식에 들어가는 **재료(자산과 이익)**를 관리하면 주식 가치는 얼마든지 조절할 수 있다는 뜻이다. 무작정 법인에 돈을 쌓아두는 것은 상속세라는 시한폭탄의 타이머를 앞당기는 일이다. 이제 합법적인 주식 가치 다이어트 전략을 공개한다.

1. 주식 가치를 낮추는 4대 핵심 전략

첫째, 이익잉여금을 개인 소득으로 탈출시켜라.

법인에 쌓인 이익(내부유보)은 주식 가치를 올리는 주범이다. 당장 소득세가 아깝더라도 정기적인 배당과 합리적인 급여 인상을 통해 법인의 몸집을 줄여야 한다. 지금 내는 10~20%의 배당소득세가 나중에 맞을 50%의 상속세를 막아주는 방패가 된다.

둘째, 착한 부채로 순자산을 조절하라.

비상장주식 평가의 기본은 '**자산 - 부채 = 순자산**'이다. 법인이 적정한 수준의 금융기관 차입금을 보유하는 것은 순자산 가치를 낮춰 주식 가치를 떨어뜨리는 효과가 있다. 단, 사용처가 명확하고 이자를 정상적으로 지급하는 실질 있는 채무여야 한다.

셋째, 자산의 체질을 개선하라.

법인 명의의 부동산과 현금이 너무 많으면 주식은 무조건 고평가된다. 사업과 직접 관련 없는 유휴 자산은 미리 정리하거나, 가업 승계에 유리한 자산 구조로 **재편**해야 한다.

넷째, 3년의 매직, 이익 구조를 설계하라.

순손익 가치는 최근 3년의 성적표다. 상속이 임박해서 갑자기 이익을 줄이려 하면 국세청의 의심을 산다. 최소 3~5년 전부터 장기적인 관점에서 비용 처리와 이익 규모를 관리해야 주식 가치가 안정적으로 유지된다.

2. [실무 사례] 고령의 사장 K씨, 어떻게 주식값을 깎을까?

〈분석 자료 : 사장 K씨의 1인 법인 현황〉

- 내부유보금 : 15억 원
- 법인 부동산 : 20억 원
- 연 순이익 : 3억 원(고수익 지속 중)
- 고민 : 대표 고령으로 상속세 걱정이 큼.

Q1. 이대로 상속이 터지면 결과는?

현금 15억 원과 부동산 20억 원이 고스란히 주식 가치에 녹아든다. 여기에 연 3억 원의 이익까지 가산되면 주식 가치는 상상 이상으로 폭등해, 상속인들이 세금을 내기 위해 회사를 팔아야 할지도 모른다.

Q2. 가장 즉각적인 효과를 보는 방법은?

공격적인 배당이다. 15억 원의 유보금 중 상당 부분을 대표와 주주들에게 배당으로 지급하자. 법인 자산이 유출되므로 주식 가치는 즉시 하락한다. 또한, 받은 **배당금**은 자녀의 증여세 재원이나 상속세 납부용 현금으로 활용할 수 있다.

Q3. 대출을 받는 것이 정말 도움이 되나?

그렇다. 법인이 새로운 사업 용지를 매입하거나 시설 투자를 위해 대출을 받는다면, 법인의 부채가 늘어나 순자산 가치를 압박하게 된다. 이는 인위적인 조작이 아닌 정상적인 경영 활동을 통한 주식 가치 하락으로 인정받기 쉽다.

3. [체크리스트] 주식 가치 관리를 위한 실전 지침

구분	전략	행동 요령
이익 관리	배당 및 급여 최적화	매년 법인 이익의 일정 비율을 반드시 사회 환원(배당)
자산 관리	비사업용 자산 정리	법인 명의의 골프 회원권, 고가 차량 등 비효율 자산 처분
부채 관리	금융권 차입 활용	시설 투자 및 사업 확장을 위한 레버리지 활용
증여 전략	저평가 시점 증여	이익이 일시적으로 낮아진 해에 주식 증여 실행

  주식 가치는 방치하면 반드시 오릅니다

대한민국 경제가 성장하고 물가가 오르는 한, 가만히 둔 주식의 가치는 떨어지지 않습니다.

1. 건강할 때 배당하십시오 : 거동이 불편해지거나 의사결정이 어려워지면 고액 **배당**이나 구조 변경은 불가능해집니다.

2. 소득세 아끼려다 상속세로 망합니다 : 당장 소득세 몇천만 원을 아끼려다 나중에 주식 가치 폭등으로 수억 원을 더 내게 되는 소탐대실을 경계하십시오.

3. 전문가와 함께 가치 평가를 정례화하십시오 : 1년에 한 번 건강검진을 받듯, 우리 회사의 주식 가치가 현재 얼마인지 **정기적으로 점검**하는 것만으로도 상속세의 절반을 막을 수 있습니다.

대표의 빚인 줄 알았던 가지급금, 알고 보니 상속세 부메랑?

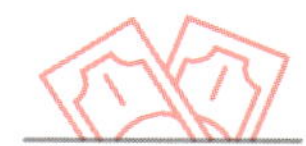

법인을 운영하다 보면 급한 마음에 회삿돈을 가져다 쓰는 경우가 생긴다. 장부에는 **가지급금**이라는 이름으로 남는다(물론 결산기에는 다른 계정으로 대체된다). 대표들은 이를 '언젠가 갚아야 할 내 빚'이라고만 생각한다. 하지만 상속의 순간, 이 가지급금은 법인의 자산이 되어 주식 가치를 끌어올리고, 정작 대표의 상속 채무로는 인정받지 못하는 최악의 상황을 만들기도 한다.

1. 가지급금이 상속세를 키우는 이중 트랩(Trap)

• 트랩 1 : 법인의 가짜 자산이 되어 주식값을 올린다.

가지급금은 회계상 법인이 대표에게 받아야 할 **채권**이다. 즉, 법인의 재산이다. 대표가 회삿돈 5억 원을 가져다 썼다면, 법인 주식 가치를 평가할 때 그 5억 원이 고스란히 자산에 포함된다. 주식 가치가 올라가니 상속세도 당연히 늘어난다.

- 트랩 2 : 대표의 진짜 빚으로는 인정받기 힘들다

"법인 주식값이 올랐으니, 대표 개인 부채로 5억 원을 공제해달라"라고 청구하면 국세청은 깐깐하게 따진다. 차입약정서가 있는지, 이자를 실제로 냈는지, 통장 거래 내역이 명확한지 확인한다. 입증하지 못하면 주식값은 비싸게 매겨지면서 **부채 공제**는 한 푼도 못 받는 억울한 상황이 벌어진다.

2. [실무 사례] 사라진 5억 원, 상속세 계산기의 결과는?

〈분석 자료 : 1인 주주 K 대표의 상황〉
- 법인 장부상 가지급금 : 5억 원(대표가 개인 용도로 사용)
- 상태 : 이자 미지급, 차용증 없음, 사망 시까지 방치

Q1. 대표가 쓴 돈인데 왜 상속세를 또 내야 하나?

그렇다. 법인과 개인은 남남이기 때문이다. 법인 돈을 쓴 것은 법인 자산을 빌린 것이고, 국세청은 이를 법인의 우량한 채권으로 평가한다. 5억 원만큼 법인 가치가 높아진 상태에서 주식 상속세가 계산된다.

Q2. 채무로 인정받으면 상속세가 줄어들지 않나?

이론적으로는 그렇다. 하지만 입증이 문제다. 국세청이 사장의 부채로 인정해주지 않으면(채무 부인), 주식 가치는 5억 원이 포함된 가격으로 과세되는데 개인 빚으로는 1원도 못 뺀다. 세금 부담만 커지는 구조다(이런 불이익을 당하지 않으려면 차용증을 구비하고 이자도 꼬박꼬박 내자).

Q3. 더 무서운 것은 세금 3종 세트가 기다린다는 점이다. 이는 무엇을 의미하는가?

가지급금은 상속세만 건드리는 게 아니며, 다음과 같은 **세금 3종 세트**를 안겨다 준다.

- 법인세 : 받지 않은 이자(인정이자)만큼 수익으로 보아 법인세 추가
- 소득세 : 받지 않은 이자만큼 사장이 보너스를 받은 것으로 보아 소득세 과세
- 증여세 : 무이자로 빌린 혜택에 대해 주주에 대한 증여세 과세

※ 사망 시 남아 있는 가지급금에 대한 국세청의 관점

1. 가지급금이 명확한 경우(실제 자금 출금, 사용 사실, 회수 가능성 입증)

① 상속세 측면

- 가지급금은 법인의 채권 → 주식 가치에 전액 반영
- 대표 개인으로서는 법인에 대한 채무, 상속 채무로 공제 가능(입증 요건 충족 시, 협의 분할 계약서 작성 필요)

    ▶ 결과 : 주식 가치↑ 상속 채무 공제↑ → 실질적인 상속세 절감 효과는 제한적

② 소득세·법인세 측면

위와 별도로 가지급금 인정이자 계산 및 미수이자 누적 시 법인의 익금 및 개인 상여 소득세, 증여세 검토

2. 가지급금이 불확실한 경우(출금 내역 불명확, 사적 사용 불분명, 장기 방치)

① 상속세 측면

- 법인의 채권성 부인 가능해 주식 가치 산정 시 자산에서 제외
- 개인 상속 채무 불인정

② 소득세·법인세 측면

가지급금과 미수이자 등에 대해 대표 개인에 대한 상여처분으로 소득세 과세

3. [체크리스트] 상속 전, 가지급금 0원 프로젝트

가지급금은 상속세 조사에서 국세청이 가장 먼저 찾아내는 독버섯이다.

관리 대상	체크 포인트	해결 방안
발생 원인	왜 돈을 뽑았는지 증빙이 있는가?	불명확한 지출은 즉시 정리
이자 기록	법인에 이자를 꼬박꼬박 냈는가?	적정 이자율(4.6%)로 계좌 이체 기록 남기기
상환 계획	갚을 능력이 있는가?	급여나 배당을 늘려 합법적으로 상환 처리
정리 시점	상속 직전에 정리해도 되는가?	늦었다. 최소 3~5년 전부터 분할 정리 필요

Expert Tip · **가지급금은 자수하는 것이 낫습니다**

1. 상속 채무 공제에 목숨 걸지 마십시오 : 가지급금을 빚으로 인정받아 상속세를 줄이려는 전략은 국세청의 **정밀 조사**를 자초하는 일입니다.
2. 배당과 급여로 해결하십시오 : 세금을 조금 내더라도 배당이나 급여를 받아 그 돈으로 가지급금을 갚는 것이 **상속세 폭탄**을 피하는 가장 깨끗한 길입니다.
3. 가업상속공제의 걸림돌입니다 : 가지급금이 많으면 가업상속공제 요건 중 **사업 무관 자산**으로 분류되어 공제 혜택이 크게 줄어듭니다. **가지급금은 상속 전에 반드시 지워야 할 오점**임을 명심하십시오.

가지급금의 역설 : 대표의 빚이
상속세 폭탄이 되는 이유

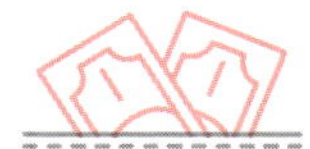

법인 대표들이 가장 많이 하는 착각 중 하나가 바로 이것이다.

'회삿돈 5억 원을 가져다 썼으니, 그건 내가 회사에 갚아야 할 빚이다. 그러니 내가 죽으면 상속재산에서 그만큼 빚(채무)으로 빼주겠지?'

이론적으로는 맞다. 하지만 현실(세무 조사)에서는 국세청이 그렇게 호락호락하지 않는다. 오히려 그 빚 때문에 상속세와 소득세를 동시에 얻어맞는 삼중고에 빠질 수 있다.

1. 국세청이 가지급금 채무를 의심하는 이유

첫째, 진짜 빚인지 숨긴 재산인지 따진다. (상속추정)

세법에는 **채무 부담에 대한 상속추정**이라는 무서운 규정이 있다. 사망 전후에 거액의 빚을 졌다면, 국세청은 그 돈을 어디에 썼는지 묻는다. 만약 대표가 가져간 가지급금의 사용처를 상속인이 증명하지 못하면, 국세청은 이를 빚으로 인정하지 않고 오히려 미리 상속인에게 준

재산으로 보아 상속세를 매긴다.

둘째, 빚으로 인정 안 되면 보너스가 된다. (상여처분)

사용처가 불분명한 가지급금을 '대표의 빚'이라고 주장했는데, 국세청이 받아들이지 않으면 어떻게 될까?

국세청은 이를 **'대표가 보너스(상여)를 받아간 것'**으로 처리한다. 결과적으로 상속 빚으로 공제는 못 받으면서, 돌아가신 사장의 종합소득세만 수억 원 추가로 터져 나오게 된다.

2. [실무 사례] 연도별 가지급금의 운명은?

〈분석 자료 : K법인의 가지급금 내역〉
- 2015~2016년 : A대표가 2억 원 인출(오래전 발생)
- 2022년 : B대표가 2억 원 인출(상속추정 기간 경과)
- 2025년 : 발생 원인 불명 3억 원(최근 발생)

Q1. 오래된 빚(2015년분)은 상속 채무로 인정받기 쉽나?

매우 어렵다. 발생한 지 10년이 다 되어가도록 갚지도 않고 사용처도 불분명하다면, 국세청은 이를 채무가 아니라 이미 사장이 **가져간 소득**으로 본다. 빚으로 공제받으려다 오히려 과거의 소득세가 추징될 위험이 크다.

Q2. 최근 발생한 3억 원(2025년분)은 왜 위험한가?

상속 개시 직전(1~2년 내)에 발생한 자금은 상속추정의 집중 타깃이다. 인출자와 용도가 불분명하면 상속인은 꼼짝없이 이 돈의 행방을 찾아내야 한다. 못 찾으면 해당 금액의 80% 정도를 상속재산에 가산된다.

Q3. B 대표가 가져간 2022년의 2억 원은?

상속 개시 2년 전의 일이라 상속추정 규정은 일단 피할 수 있다. 하지만 여전히 법인 장부에 살아 있다면 주식 가치를 높이는 요인이 되므로, 상속 전 정리가 필요하다.

3. [전략 가이드] 가지급금, 어떻게 관리해야 상속세를 줄이나?

대표의 법인 장부에 가지급금이 있다면, 지금 당장 이 3단계를 실행해보자.

단계	전략	행동 요령
1단계	규모 등 발생 성격 확인	가지급금의 발생 원인 등 파악해 리스트화 (사업비 지출 대 개인 사용분 등으로 구분)
2단계	최근 인출분 우선 정리	상속추정 리스크가 가장 큰 최근 1~2년 이내 금액부터 상환(전문가 개입)
3단계	기타 정리 전략 수립	배당, 급여 상향, 혹은 퇴직금과 상계 등 세 부담 비교 후 정리

※ 상속을 앞두었을 때 가지급금은 어떤 식으로 관리하는 것이 좋을까?

1. 원칙 : 남겨두지 말 것

상속 직전 가지급금은 상속 채무로 잘 인정되지 않고 오히려 상속재산 가산 또는 상여처분으로 이어질 가능성이 크다. 따라서 기본 원칙은 상속 개시 시점에 가지급금을 **최소화**하는 것이 좋다.

2. 관리의 우선순위

① 최근 인출분부터 정리

상속 직전·직후 인출금, 용도 불분명한 가지급금은 가장 먼저 정리해야 할 대상이다. 상속추정·소득처분 리스크가 가장 크다.

② 사용처 입증이 가능한 부분과 불가능한 부분을 구분

사업 관련 지출과 개인 생활비·자산 취득 등을 구분하는 것이다. 입증 가능한 부분은 채무 유지 가능, 불가능한 부분은 정리 전략 검토가 필요하다.

③ 정리 방법은 세목별 영향을 동시에 고려

단순히 '갚는다, 안 갚는다'가 아니라, '배당으로 정리할 것인가, 급여·상여로 처리할 것인가, 퇴직금으로 정리할 수 있는가, 감자·증자를 활용할 수 있는가?' 등을 검토해야 한다. **법인세·소득세·상속세**를 함께 계산한다.

Expert Tip **가지급금을 진짜 빚으로 인정받는 3요소**

1. 국세청이 빚으로 인정할 수밖에 없게 만드십시오.
2. 금전대차계약서를 작성하십시오 : 가족 간이라도 공식적인 **계약서**가 있어야 합니다.
3. 이자를 실제로 주고받으십시오 : 통장 기록에 가지급금 이자가 매달 찍혀 있다면 국세청도 함부로 부인하지 못합니다. 법인은 이 이자에 대해 법인세를 성실히 신고해야 합니다.
4. 회수 노력을 기록하십시오 : 이사회의록 등에 "대표, 빨리 빚 갚으세요"라고 촉구한 기록이 있다면, 이는 법인이 관리하는 **진짜 채권**임을 증명하는 강력한 근거가 됩니다.

가수금의 배신 : 회사에 빌려준 내 돈이 상속세를 키운다?

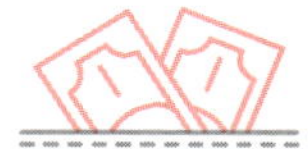

회사가 자금이 부족할 때 대표가 개인 돈을 법인 계좌에 입금하는 경우가 많다. 장부에는 **가수금**이라고 적힌다. 대표(사장)들은 이를 '언제든 회사 사정이 좋아지면 찾아갈 내 돈'이라고만 생각한다. 하지만 상속세 앞에서는 이 가수금이 **양날의 칼**이 된다. 법인의 몸값을 낮춰주기도 하지만, 대표의 개인 재산을 늘려 상속세를 높이는 주범이 되기도 하기 때문이다.

1. 가수금이 상속세에 영향을 주는 2가지 얼굴

• 얼굴 1 : 법인 주식 가치를 깎아주는 효자(법인의 부채)

가수금은 회사가 사장에게 갚아야 할 **빚**이다. 법인으로서는 부채이므로, 주식 가치를 평가할 때 회사의 몸값을 낮춰주는 역할을 한다. 주식 상속세를 줄이는 데는 도움이 된다.

- **얼굴 2 : 사장 상속재산을 늘리는 불효자**(개인의 채권)

반대로 사장 개인으로서는 법인으로부터 받아야 할 **받을 돈**(채권)이다. 따라서 사장이 사망하면 이 5억 원의 가수금은 예금이나 부동산처럼 똑같이 상속재산에 포함된다. 심지어 받지 못한 이자(미수이자)까지 합쳐서 세금을 매길 수도 있다.

2. [실무 사례] "장부에만 있는 가수금, 누구의 돈인가?"

〈분석 자료 : 3인 주주 법인의 상황〉
- 법인 장부상 가수금 : 5억 원
- 상태 : 대표가 입금한 기록은 있으나 차입 계약서 없음, 장기간 방치됨.
- 변수 : 도중에 대표이사가 변경됨.

Q1. 대표가 바뀌었는데, 전(前) 대표가 사망하면 누구 재산인가?

가수금은 현재 대표가 누구냐가 아니라 **실제로 돈을 보낸 사람**이 누구냐가 핵심이다. 전 대표가 실제 입금자라면 그분의 상속재산에 5억 원이 포함된다. 만약 장부에는 5억 원이 있는데 누가 넣었는지 증거가 없다면, 국세청은 이를 법인의 부채로 인정해주지 않아 주식 가치만 올라가고 억울한 세금을 낼 수 있다.

※ 대표 변경 시 가수금과 주식 평가, 그리고 상속재산 합산

구분	주식 평가	상속재산
실제 입금자	채무로 차감 가능	채권으로 합산
실제 입금자 불명확	차감 불인정 가능	채권 불인정
대표 변경 자체	영향 없음.	영향 없음.

Q2. 이자를 안 받았는데, 이자까지 세금을 매기나?

그렇다. 법인과 개인 간의 거래에는 공짜가 없다. 이자 약정이 있다면 받지 못한 미수이자까지 상속재산에 더해야 한다. 만약 무이자라면 주주들에게 **이익을 증여한 것**으로 보아 증여세 문제가 발생할 수도 있다.

Q3. 가수금과 가지급금을 대신(상계)하면 깔끔하지 않나?

단순히 장부상 숫자를 맞추는 것은 위험하다. 국세청은 통장 거래 내역을 현미경으로 들여다본다. 실제 돈이 오간 흐름과 맞지 않는 장부 정리는 오히려 **세무 조사의 빌미**가 된다.

3. [체크리스트] 내 가수금, 상속세 폭탄이 되지 않으려면?

가수금은 관리에 따라 절세 도구가 될 수도, 세금 고지서가 될 수도 있다.

관리 포인트	점검 내용	해결 전략
실질 입증	통장 입금 내역과 장부가 일치하는가?	불분명한 가수금은 원인 파악 후 즉시 정리
계약서 구비	금전대차계약서를 작성했는가?	이자율, 상환 시기를 명시한 공식 서류 비치
이자 관리	이자 신고를 제대로 하고 있는가?	미수이자가 쌓이지 않도록 주기적 정산
귀속 확인	누구의 돈인지 명확히 구분했는가?	개인별 가수금 명세서를 별도 관리

※ 가수금(피상속인의 채권)의 상속재산 포함 과정

가수금은 형식상 법인의 부채이지만, 상속세에서는 이를 그대로 믿지 않고 '피상속인이 법인에 대해 가진 채권인지'를 따져 상속재산에 포함시킨다.

① 원금

가수금이 피상속인이 실제로 법인에 입금한 사실이 확인되면, 피상속인의 채권으로 보아 상속재산에 포함한다. 계좌 이체 내역, 차입 계약서, 회계 처리의 일관성 등이 핵심 판단자료 등으로 입증하다. 단순 장부상 계상만 있고 실질이 없으면 문제 소지가 크다.

② 미수이자

가수금에 대해 이자 약정이 있는 경우, 상속개시일 현재까지 발생한 미수이자도 상속재산에 해당하며, 실제 이자를 받지 않았더라도 약정이 있고 법인이 계속 사용 중이라면 발생주의로 계산한다. 무이자 약정의 경우에는 주주에 대한 증여세 문제를 검토해야 한다(단, 실무적으로 증여세가 과세되기 위해서는 증여이익이 주주당 1억 원 이상이 되어야 한다).

③ 불분명한 경우(가장 분쟁 많은 부분)

다음과 같은 경우에는 채권성 자체가 부인되거나, 반대로 상속재산으로 강제 포함되기도 한다.

- 입금자 불분명
- 대표자 가지급금과 혼재
- 가수금 발생 경위에 대한 소명 불가
- 장기간 상환·이자 지급 전무
- 사실상 출자금 또는 증여로 의심되는 경우
  - ▶ 채권성 부인 → 상속재산 제외 + 다른 세목 문제 발생 가능
  - ▶ 채권 인정 → 원금 + 미수이자 모두 상속재산 포함

Expert Tip **가수금은 출구 전략이 필요합니다**

1. 상속 전 자본금으로 바꾸십시오 : 가수금을 **주식으로 전환(출자전환)**하면 부채가 자본으로 바뀌어 법인의 재무구조가 좋아집니다. 다만, 이 경우 주식 가치가 변하므로 전문가와 상의가 필수입니다.
2. 현금 여력이 있다면 미리 회수하십시오 : 법인에 현금이 있다면 가수금을 조금씩 돌려받아 자녀에게 증여하는 재원으로 쓰는 것이 훨씬 유리합니다.
3. 공짜 돈이라는 생각을 버리십시오 : 법인에 들어간 내 돈은 반드시 이자와 상환이라는 꼬리표가 붙어야만 상속세 조사에서 **정당한 채권**으로 보호받을 수 있습니다.

법인에 공짜(증여)로 줬는데, 상속세를 또 내라고?

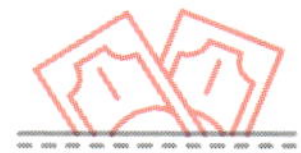

가족 법인을 운영하는 대표들은 종종 개인 재산을 법인에 무상으로 넘기곤 한다. '법인이 살아야 가족이 산다'라는 마음이겠지만, 세법은 이를 순수한 기부로 보지 않는다. 법인의 자산이 늘어나면 자녀들이 가진 주식 가치가 공짜로 올라가기 때문이다. 즉, 법인을 거쳐 자녀에게 재산을 준 **우회 증여**로 보고 상속세의 그물을 던진다.

1. 법인 증여가 상속세의 폭탄이 되는 이유

첫째, 내 주식값을 내 손으로 올리는 격이기 때문이다.

법인에 10억 원을 증여하면, 법인의 장부에는 **자산수증이익**이 기록된다. 이는 법인의 순자산과 이익을 동시에 높여 비상장주식 가치를 폭등시킨다. 결국, 대표가 사망할 때 물려줄 주식 가치가 비싸져서 상속세가 늘어나는 첫 번째 화를 입게 된다.

둘째, 5년, 10년의 그물에 걸리기 때문이다.

법인은 상속인이 아니므로 보통 **5년** 이내 증여분만 합산된다고 생각하기 쉽다. 하지만 법인을 통해 주주(자녀 등)에게 이익이 돌아갔다면, 이야기가 달라진다. 국세청은 이를 주주에 대한 직접 증여로 보아 **10년 치**를 합산할 수도 있다.

셋째, 이중과세의 늪에 빠질 수 있기 때문이다.

법인은 증여받은 금액에 대해 법인세를 낸다. 그런데 대표가 사망하면 그 금액을 다시 **상속재산**에 넣어 상속세를 또 매긴다. 물론, 이미 낸 법인세를 일부 공제해주긴 하지만, 자금 흐름이 꼬이고 세무 조사 강도가 높아지는 리스크는 피할 수 없다.

2. [실무 사례] 현금 10억 원을 법인에 넣은 사장 K씨의 최후

〈분석 자료 : 사장 K씨와 가족 법인 ㈜KS〉

- 지분 구조 : 대표(60%), 배우자(20%), 자녀 2명(각 10%)
- 사건 : 2022년 6월, 개인 현금 10억 원을 법인에 무상 증여
- 상속 발생 : 2026년 8월(증여 후 약 4년 뒤 사망)

Q1. 법인에 준 10억 원이 왜 상속세 계산서에 다시 나오나?

사망일로부터 5년이 지나지 않았기 때문이다. 국세청은 "법인에 돈을 넣어 주식 가치를 높여놓고 5년도 안 되어 사망했으니, 이것은 사실상 상속재산이다"라고 판단해서 10억 원 전체를 상속재산에 합산한다.

Q2. 자녀들 주식 가치가 올라간 건 어떻게 되나?

10억 원이 입금되는 순간, 지분 10%를 가진 자녀들의 주식 가치는 각각 1억 원씩 공짜로 올라갔다. 국세청은 이를 자녀가 부모에게 **간접 증여**받은 것으로 본다. 주식 가치 상승으로 인한 상속세 부담은 고스란히 자녀들의 몫이 된다.

Q3. 법인이 이미 법인세를 냈는데 억울하지 않나?

다행히 세법은 이중과세를 방지하기 위해 법인이 낸 법인세만큼은 상속세 산출세액에서 공제해준다. 하지만 공제 절차가 까다롭고, 10억 원이 합산되면서 상속세율 자체가 한 단계 높아지는(예 : 40% → 50%) 피해는 복구할 수 없다.

3. [전략표] 법인 증여 전 반드시 체크해야 할 3원칙

체크 포인트	위험 요소	절세 대안
증여 시점	사망 전 5년(또는 10년) 이내인가?	건강할 때 미리 실행하거나 장기 플랜 수립
지분 구조	자녀 지분이 높은가?	자녀 지분이 높을수록 증여세·상속세 리스크 급증
자금 용도	단순 운영자금인가?	증여 대신 가수금(대여) 형태를 먼저 고려

Expert Tip 법인에 돈을 줄 때는 빌려주는 것(가수금)이 우선입니다

1. 그냥 주지 말고 빌려주십시오 : 증여(공짜)가 아니라 가수금(대여)으로 처리하면, 나중에 법인 사정이 좋아졌을 때 세금 없이 원금을 회수할 수 있습니다.
2. 주식 가치를 먼저 평가하십시오 : 내 돈을 넣었을 때 우리 회사 주식값이 얼마나 뛸지 미리 계산해보지 않는 것은 눈 가리고 운전하는 것과 같습니다.
3. 증여보다는 증자를 고민하십시오 : 법인에 자금을 수혈해야 한다면 무상 증여보다는 정당한 대가를 치르는 유상증자 등이 세무적으로 더 깔끔한 경우가 많습니다.

미처분이익잉여금의 역설 :
회사가 잘나갈수록 상속세는 폭탄이 된다

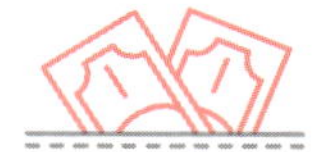

법인 대표들이 장부를 보며 가장 뿌듯해하는 항목이 바로 **미처분이익잉여금**이다. 그동안 회사가 얼마나 열심히 벌어왔는지를 보여주는 훈장이기 때문이다. 하지만 상속세라는 링 위에 올라가는 순간, 이 훈장은 무거운 모래주머니로 변한다. 미룬 소득세는 사라진 것이 아니라, 대표의 주식 가치 속에 숨어 있다가 상속세라는 이름으로 한꺼번에 터져 나오기 때문이다.

1. 미처분이익잉여금이 상속세를 키우는 3단계 메커니즘

첫째, 이름만 다를 뿐 생돈과 같다.

이익잉여금은 결국 법인이 벌어들인 현금, 부동산, 매출채권의 합계이다. 법인의 순자산을 늘리는 핵심 요소이므로, 주식 가치를 매길 때 **잉여금이 10억 원** 쌓여 있다면, 주식 가치도 그만큼 정직하게 올라간다.

둘째, 주식 가치의 두 바퀴를 모두 돌린다.

비상장주식은 '자산 가치'와 '수익 가치'를 섞어서 평가한다. 잉여금이 많다는 것은 과거에 잘 벌었고(자산 가치 상승), 지금도 잘 벌고 있다(수익 가치 상승)는 뜻이다. 결국, 주식 가격을 양쪽에서 밀어 올리는 셈이다.

셋째, 사후(死後)에는 손쓸 방법이 없다.

"돌아가시고 나서 배당으로 처리하면 되지 않느냐?"라고 묻는 분들이 계신다. 하지만 상속이 개시된 이후에는 과거의 이익을 소급해서 처리할 수 없다. 상속 전, **골든타임**을 놓치면 고스란히 최고세율의 상속세를 내야 한다.

2. [실무 사례] 쌓아둔 이익 25억 원, 사장 K씨의 선택은?

〈분석 자료 : 1인 주주 법인 상황〉
- 미처분이익잉여금 : 25억 원
- 상태 : 배당 거의 없음, 부동산 다수 보유, 대표 고령
- 리스크 : 주식 가치 고평가로 인한 상속세 부담
- 자기주식은 2026년 3월 6일 개정공포된 상법(제341조의4 등)을 적용하는 것으로 가정(1년 이내 소각 등)

Q1. 배당을 안 한 것이 왜 상속세 폭탄이 되나?

배당을 안 하면 당장 대표가 내야 할 소득세(6~45%)는 아낄 수 있다. 하지만 그 25억 원이 법인에 머물면서 주식 가치를 높여놓았기 때문에, 나중에 자녀들은 그 25억 원에 대해 최고 50%의 상속세를 내야 한다. 소득세를 아끼려다 **더 비싼 상속세를 내는 꼴**이다.

Q2. 가지급금과 잉여금이 동시에 있다면 어떻게 하나?

최악의 조합이다. 가지급금은 법인의 자산으로 잡혀 주식값을 올리고, 잉여금은 잉여금대로 주식값을 올린다.

Q3. 이 2마리 토끼를 한 번에 잡는 방법이 있다면?

대표적인 방법이 **자기주식 취득**이다. 법인이 가진 이익잉여금을 사용해서 대표의 주식을 사들이고(잉여금 소각), 대표는 그 주식 매각 대금(배당으로 과세)을 받아 법인에 진 빚(가지급금)을 갚는 방식이다. 법인의 몸집은 줄어들고 사장의 개인 채무도 사라지는 일거양득의 효과를 본다.

3. [체크리스트] 사장 법인의 잉여금, 다이어트가 필요할 때

점검 신호	위험도	대응 전략
현금 유동성 부족	고(高)	이익은 많은데 돈이 없다면 부동산 등에 묶인 것, 법인전환 고려
3년 연속 흑자	중(中)	수익 가치가 정점을 찍기 전에 주식 증여나 배당 실행
가지급금 보유	최상(最上)	잉여금 소각을 통한 가지급금 상환 필수(배당 과세 검토)
대표자 고령	고(高)	상속 3~5년 전부터 매년 정기 배당으로 잉여금 외부 유출

Expert Tip **이익은 나눌 때 가치가 생깁니다**

1. 소득세 무서워 배당 멈추지 마십시오 : 배당은 법인의 가치를 합법적으로 낮추는 가장 세련된 기술입니다. **낮은 세율 구간**을 활용해 매년 꼬박꼬박 배당하십시오.
2. 자녀 주주를 활용하십시오 : 자녀가 주주로 있다면 배당금은 고스란히 자녀의 상속세 납부 재원이 됩니다.
3. 상속세는 법인이 아니라 주주가 냅니다 : 법인에 이익이 아무리 많아도 상속인이 낼 현금이 없으면 무용지물입니다. 잉여금을 밖으로 빼내어 상속인의 주머니를 미리 채워주는 것이 **진정한 승계 전략**입니다.

배당·급여·퇴직금 : 한꺼번에 받으면 세금 50%, 쪼개서 받으면 10%? 법인 자금인출의 기술

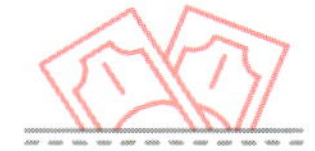

법인 대표의 세금 설계는 결국 타이밍 싸움이다. 같은 10억 원이라도 매달 급여로 받느냐, 한 번에 배당으로 받느냐, 아니면 퇴직금으로 챙기느냐에 따라 대표 가족이 최종적으로 손에 쥐는 금액은 수억 원씩 차이가 난다. 사장들이 흔히 저지르는 소득세 회피가 어떻게 **상속세 폭탄**으로 이어지는지 그 구체적인 구조를 분석한다.

1. 배당·급여·퇴직금의 타이밍 전략 핵심

① 과세 시기를 선택하라. (소득의 종류별 특징)

- 급여 : 매년 발생하며 종합소득세로 과세된다(꾸준한 이익 분산 효과).
- 배당 : 금융소득종합과세 위험이 있지만, 법인 이익을 외부로 유출해 주식 가치를 낮추는 가장 빠른 방법이다.
- 퇴직금 : 퇴직 시 1회 과세되며, 다른 소득과 합산되지 않는 **분류과세** 혜택을 누린다. 상속 전 자산 정리에 가장 강력한 무기다.

② 소득세보다 상속세가 훨씬 무섭다.

대표들은 당장 내 눈앞의 소득세 40%가 아까워 배당을 미룬다. 하지만 그 결과 쌓인 미처분이익잉여금은 주식 가치를 폭등시켜, 나중에 자녀가 최고 50%의 상속세를 내게 만든다. 즉, 지금의 소득세 회피는 미래의 상속세 폭탄을 제조하는 과정이다.

③ 반드시 총 세 부담(Total Tax)으로 비교하라.

단일 세목(소득세)만 보면 손해 같아도, 전체(소득세+법인세+상속세)를 합산하면 절세가 되는 지점이 있다.

▶ 예시(미지급 퇴직금) : 퇴직금을 지급하면 대표의 소득세는 늘어난다. 하지만 법인은 비용 처리가 되어 법인세가 줄고, 순자산이 감소해 주식 가치가 하락한다. 심지어 미지급 상태로 사망하더라도 이는 개인의 상속 채무에 포함되어 상속세를 낮춘다. 다만, 퇴직금은 상속재산에 포함되므로 이 모든 변수를 계산기에 넣어야 최종 정답이 나온다.

2. [실무 사례] 65세 사장, 30억 원 잉여금 어떻게 털어낼까?

〈분석 자료 : 대표 1인 주주 법인 상황〉

• 미처분이익잉여금 : 30억 원
• 대표 연령 : 65세(상속 대비 시급)
• 현황 : 배당 거의 없음, 급여 낮음.

Q1. 지금 배당하면 최고세율로 세금만 많이 내지 않나?

단기적으로는 소득세 부담이 크다. 하지만 배당을 통해 법인 이익을 인출하면, 주식 가치가 즉각 하락한다. 상속세 절감액이 배당 소득세보다 크다면, 지금 세금을 내고라도 배당하는 것이 이기는 게임이다.

Q2. 퇴직금은 언제 받는 것이 가장 유리한가?

원칙적으로 상속 전 수령이 가장 유리하다. 퇴직금은 장기근속 공제가 있고 낮은 세율로 분리 과세되므로, 법인 자산을 가장 저렴한 세금으로 개인화할 수 있는 마지막 기회이다. 법인으로서도 큰 비용이 발생해 주식 가치가 급락하는 효과가 있다.

Q3. 퇴직금을 안 받는 것이 유리할 때도 있나?

그렇다. 물론 상황에 따라 다르다.

- ▶ 받는 것이 유리 : [상속세 절세액 〉 소득세 증가액]일 때
- ▶ 안 받는 것이 유리 : [상속세 절세액 〈 소득세 증가액]일 때

또한, 법인세 절감액과 주식 가치 하락분을 시뮬레이션해 최적의 지급 시점을 결정해야 한다.

3. [체크리스트] 상속 전 소득 설계 5대 원칙

체크 포인트	실무 가이드
역산 설계	상속 예상 시점부터 거꾸로 계산해 소득 실현 시기를 분산하라.
통합 비교	소득세와 상속세를 단독으로 비교하지 말고 합산 세액을 보라.
금융소득 점검	배당 시 금융소득종합과세 구간을 점검해 매년 분산 배당하라.
비용화 전략	급여 인상은 법인세와 주식 가치를 동시에 잡는 강력한 조정 수단이다.
규정 정비	퇴직금을 받으려면 반드시 정관 규정과 근속 요건을 사전에 정비하라.

1. 상속세 골든타임 5년을 확보하십시오.

   상속세 조사는 보통 과거 5년(상속인 외)에서 10년(상속인)의 기록을 봅니다. 급격한 급여 인상이나 거액의 퇴직금 지급이 사망 직전에 몰리면 국세청의 정밀 타깃이 됩니다. 최소 상속 5년 전부터 단계적으로 소득을 분산하십시오.

2. 미지급 퇴직금은 상속세의 히든카드입니다.

   퇴직금을 당장 현금으로 줄 여력이 없더라도, 퇴직 처리를 통해 **미지급 퇴직금** 부채를 장부에 올리십시오.

   - 법인으로서는 비용 처리되어 주식 가치가 하락합니다.
   - 개인으로서는 사망 시 상속 채무로 인정받아 상속세를 직접 줄여줍니다.
   - 단, 퇴직금은 상속재산에 합산되므로 실제 좋은지는 **시뮬레이션**이 필요합니다.

3. 금융소득종합과세를 무서워 마십시오.

   배당을 받으면 종합소득세율이 올라가는 것이 두려워 배당을 피하곤 합니다. 하지만 배당으로 법인의 이익잉여금을 털어내지 않으면, 나중에 자녀는 그 금액에 대해 50%의 상속세를 내야 합니다. 45%의 소득세를 내더라도 50%의 상속세를 막는 것이 이득입니다.

4. 자녀를 주주로 참여시켜 배당의 길을 여십시오.

   대표 혼자 배당을 받으면 본인의 상속재산만 늘어납니다. 자녀가 주주로 있다면 배당금은 고스란히 자녀의 자산이 되며, 이는 나중에 자녀가 상속세를 낼 수 있는 **가장 완벽한 자금 출처**가 됩니다.

5. 정관과 규정부터 당장 점검하십시오.

   아무리 좋은 전략도 **정관**에 근거가 없으면 국세청은 이를 부인하고 상여(보너스)로 처리해 세금을 추징합니다. 퇴직금 지급 규정, 임원 보수 규정이 현재 세법에 맞게 정비되어 있는지 전문가와 지금 즉시 확인하십시오.

가업상속공제의 덫 : 남들은 공제되는데
내 주식은 왜 안 되나?

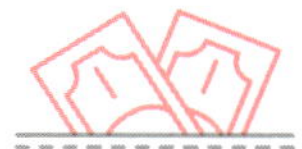

가업상속공제는 최대 600억 원의 상속세를 깎아주는 파격적인 제도다. 하지만 사장들이 가장 많이 하는 착각이 '우리 회사 주식값이 100억 원이니까 100억 원 다 공제되겠지?'라는 생각이다. 천만의 말씀이다. 세법은 **실제 가업에 쓰이는 자산**만 보호한다. 회삿돈으로 산 주식, 임대 건물, 빌려준 돈은 주식값만 올릴 뿐 공제 혜택에서는 비정하게 제외된다.

1. 주식 가치에는 들어가고, 공제에서는 빠지는 나쁜 자산들

가업 상속공제액을 계산할 때, 다음의 **사업무관자산** 비중이 높으면 공제 효과는 반 토막이 난다.

- 과다 보유 현금 : 5년간 평균 보유 현금의 2배를 초과하는 현금(법인 명의라도 여유 자금은 사업용이 아니라고 본다)
- 대여금(가지급금) : 사장이 빌려 간 돈은 사업과 무관한 자산으로 본다.

- 다른 법인 주식 : 단순히 배당이나 시세 차익을 위해 산 주식이나 펀드(상장주식 등)
- 임대용 부동산 : 법인 건물 중 일부를 임대하고 있다면 그만큼은 공제에서 탈락한다.

2. [실무 사례] 50억 자산 법인, 실제 공제액은 얼마인가?

〈분석 자료 : K 법인 상황(대표 지분 50%)〉

- 자산 : 50억 원(현금 1억 원, 가지급금 2억 원, 투자 주식 1억 원, 임대 건물 4억 원 포함)
- 부채 : 10억 원 / 발행 주식 : 1만 주
- 주식 가치 평가 : 순자산 가치 2, 순손익 가치 3으로 가중평균
- 기간 : 가업 영위 15년(공제 한도 300억)

Q1. 이 회사의 1주당 진짜 가치는?

- 순자산 가치 : (자산 50억 − 부채 10억 원) ÷ 1만 주 = 40만 원
- 순손익 가치 : 1만 원(가정)
- 가중평균 가액 : (40만 원 × 2 + 1만 원 × 3) ÷ 5 = 16.6만 원

▶ 결과 : 대표의 주식 가치(50%)는 8.3억 원이다. 일단, 이 금액이 상속재산에 포함된다.

Q2. 이 중 가업상속공제에서 제외되는 사업무관자산은?

- 가지급금(2억 원) + 임대 부동산(4억 원) = 6억 원
- 현금(1억 원)은 5년 평균의 2배 이하라 통과
- 투자 주식(1억 원)은 업무 무관으로 보아 제외 대상에 합산될 가능성이 크다.

● 결과 : 6억 원과 1억 원을 합한 7억 원이 무관 자산

Q3. 최종 가업 상속공제액은 얼마인가? (총자산가액비율로 안분)

- 가업용 순자산 : 전체 순자산 40억 원 - 무관 자산 7억 원 = 33억 원
- 피상속인 지분 : 8.3억 원 × (33억 원 / 50억 원) = 6.85억 원(단, 업종이 제조업 등일 때만 가능!)

Q4. 사례의 교훈은?

가업상속공제를 극대화하려면 사망 전 가지급금을 정리하고, 임대용 부동산을 사업용으로 전환하는 등의 사전 작업이 필수적이다. 자산 구성만 바꿔도 공제액이 수억 원씩 왔다갔다하기 때문이다.

금융상품 중 2배 이내의 현금, 만기 3개월 이내의 예금과 적금 정도가 사업관련 자산이 된다. 그 외 주식이나 채권, 보험 등은 원칙적으로 사업무관자산이 되므로 주의해야 한다.

3. [업종 주의보] 여행업 사장은 공제 0원?

가업 요건을 다 맞춰도 업종에서 탈락하면 끝이다.
- 가능 : 제조업, 건설업, 도·소매업, 음식점업 등
- 불가능 : 여행업, 호텔업, 부동산 임대업 등

내 사업이 공제 혜택을 받을 수 있는 업종인지 확인하는 것이 1순위다(상증법 시행령 제15조 제1항 별표).

Expert Tip 70대 이후 임대법인전환이 위험한 이유

절세를 위해 늦은 나이에 법인으로 전환하는 분들이 계십니다. 세무사로서 도시락 싸들고 다니며 말리고 싶은 상황입니다.

1. 잉여금을 털어낼 시간이 없습니다 : 법인전환 후 배당이나 급여로 이익을 분산해야 주식값이 떨어지는데, 70대 이후에는 그 과정을 거치기 전에 상속이 발생할 확률이 큽니다.

2. 상속세가 개인 때보다 더 커집니다 : 부동산 가치 상승분과 이익 누적이 주식 가치에 더블로 반영되는데, 이를 막아줄 가업상속공제(임대업 제외)도 받을 수 없기 때문입니다.

3. 결론 : 법인전환은 최소 상속 10~15년 전에 해야 효과를 봅니다. 늦었다고 생각될 때는 법인전환보다 **사전증여**나 **재원 마련** 전략이 훨씬 안전합니다.

가지급금은 상속 전에 없애는 것이 필요하다. 물론 이를 없애는 방법에는 다양한 것들이 많다. 그중 하나인 퇴직금으로 가지급금을 없애는 방법은 아주 흔한 중소기업 솔루션에 해당한다. 즉, 대표가 법인으로부터 퇴직금을 받은 후 이 금액으로 **가지급금을 상환**하는 방식이 된다.

1. 가지급금 솔루션 : 퇴직금으로 없애는 절차

첫째, 가지급금의 규모를 확인하고 이에 대한 소득세, 법인세, 주식 가치(상속세) 등에 미치는 영향을 검토한다.
둘째, 퇴직금 한도액을 점검하고 퇴직소득세 예상액을 알아본다.
셋째, 위 둘의 효과를 분석해서 최종 실행을 한다.

2. 실무 사례

분석 자료

- 대표자 근속연수 : 20년
- 퇴직금 지급액 : 5억 원(가지급금 5억 원과 전액 상계)
- 회사 상황 : 비상장기업(중소기업), 순자산 20억 원, 발행 주식 총수 10,000주
- 비용 처리 : 퇴직금 5억 원 전액은 회사의 비용(손금)으로 인정됨을 전제

Q1. 현 가지급금 5억 원이 소득세, 법인세, 주식 가치, 상속세에 미치는 영향은?

가지급금은 단순히 빌린 돈이 아니다. 세법상 인정이자(연 4.6% 가정 시 약 2,300만 원)를 매년 발생시켜 대표자의 소득세를 높이고, 법인세 부담을 가중시킨다. 무엇보다 상속 발생 시 이 금액은 회수해야 할 자산으로 간주되어 상속세 과표를 높이는 주범이 된다.

Q2. 퇴직금 5억 원에 대한 소득세는?

퇴직소득세는 근속연수가 길수록 세 부담이 줄어드는 구조다.

구분	내역(예시)	비고
퇴직금 총액	5억 원	가지급금 5억 원 상계
근속연수	20년	1년에 2,500만 원꼴
예상 퇴직소득세	약 6,000~7,500만 원	실효세율 약 12~15% 내외

▶ Point : 만약 5억 원을 급여나 상여로 처리했다면 종합소득세율 최고 구간(45%)에 걸려 약 2억 원 이상의 세금을 내야 했지만, 퇴직소득으로 처리함으로써 약 1.3억 원 이상의 세금을 **절세**하며 가지급금을 없애게 된다.

Q3. 주식 가치 하락분은? (Before & After)

비상장주식 가치는 순자산 가치와 순손익 가치를 가중평균해서 산출한다. 퇴직금 5억 원이 비용으로 지출되면 회사의 자산과 이익이 동시에 줄어들어 **주당 가치가 하락**한다. 하락한 가치는 상속재산에 영향을 준다.

[주식 가치 변화 시뮬레이션](순자산 가치 기준으로 단순화한 예시)

항목	Before(상계 전)	After(상계 후)	변화액
회사의 순자산	20억 원	15억 원	−5억 원(퇴직금 지급)
발행 주식 수	10,000주	10,000주	변동 없음.
1주당 가치	200,000원	150,000원	−50,000원(25% 하락)

Q4. 이 사례의 요약 및 분석 결과는?

비교 항목	Before(가지급금 존재)	After(퇴직금 상계 후)
가지급금 잔액	5억 원	0원
인정이자 발생	연 약 2,300만 원(4.6%)	0원(매년 이익 증가 효과)
법인세 부담	인정이자 수익으로 인해 증가	퇴직금 비용 처리로 약 1억 원 절세
증여/상속 기반	주식 가치가 높아 세 부담 큼 (증여와 상속에 불리).	주식 가치 하락으로 자녀 증여 적기 (상속에도 유리)

[종합 분석 결과] Before vs After

비교 항목	Before(정리 전)	After(정리 후)	기대 효과
가지급금 잔액	5억 원	0원	재무 리스크 완전 해소
인정이자 발생	연 약 2,300만 원	0원	매년 소득세/법인세 절감
법인세 부담	–	약 1억 원 감소	5억 원 비용 처리(세율 20% 가정)
가업 승계 여건	주식 가치 고평가	주식 가치 저평가	증여/상속세 부담 경감

Expert Tip | **가지급금 퇴직금으로 없애십시오**

1. 세금의 기회비용 : 대표자는 약 7,000만 원 내외의 퇴직소득세를 납부해야 하지만, 이를 통해 5억 원의 가지급금 부채를 정리하고 매년 발생하는 인정이자 굴레에서 벗어날 수 있습니다.

2. 법인세 절세 효과 : 퇴직금 지급액은 당해 연도 법인의 이익을 낮추어 법인세 납부액을 직접 줄여줍니다.

3. 승계의 골든타임 : 주식 가치가 **25% 하락한 시점**을 놓치지 않고 자녀에게 주식을 증여한다면, 낮아진 가치만큼 증여세를 대폭 절감할 수 있는 일거양득의 효과를 거둘 수 있습니다.

4. 이외에도 주식 가치 하락에 따른 상속세 부담도 줄일 수 있습니다.

제 7 장

[임대법인 주주 편] :
개인 임대업의 법인전환, 필수인가?

건물주에서 법인 주주로 : 법인전환이
상속의 해법인가, 새로운 덫인가?

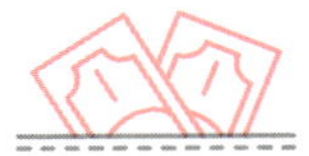

임대법인은 소득세와 법인세를 아끼는 데는 훌륭한 도구다. 하지만 상속이라는 종착역에 다다르면 상황은 반전된다. 많은 임대법인 주주가 '법인으로 돌려놨으니 이제 안전하다'라고 믿으며 방심하다가, 상속세 고지서를 받고 나서야 법인이 **세금 저장고**였다는 사실을 깨닫게 된다. 임대법인 주주를 파멸로 이끄는 3가지 착각을 분석한다.

1. 임대법인 주주를 울리는 3가지 치명적 착각

• 착각 1 : "부동산이 법인 명의니 내 상속재산은 줄었다"

부동산 등기부 등본에서 내 이름이 사라졌다고 재산이 사라진 것은 아니다. 부동산의 가치는 고스란히 **법인 주식 가치**로 옮겨갔을 뿐이다. 임대 수익이 쌓이고 건물값이 오를수록, 사장이 보유한 주식 가격은 개인 부동산보다 훨씬 정직하고 가파르게 상승해서 상속세 폭탄으로 돌아온다.

• 착각 2 : "소득세가 아까우니 배당은 하지 말자"

당장 내는 배당소득세 15~45%가 아까워 이익을 법인에 쟁여두고 있는가? 그 미처분이익잉여금은 주식 가치를 끌어올리는 가장 강력한 연료다. 지금 소득세를 아낀 대가로, 나중에 자녀는 그 이익의 절반(상속세 50%)을 국가에 헌납해야 할지도 모른다.

• 착각 3 : "우리 회사도 가업상속공제가 되겠지"

가장 위험한 생각이다. 가업상속공제는 일자리 창출과 산업 발전에 기여하는 기업을 위한 제도다. 단순히 부동산을 관리하고 월세를 받는 임대업은 공제 대상에서 비정하게 제외된다. 즉, 600억 원의 방패 없이 주식 가치 전액에 대해 생돈으로 세금을 내야 한다.

2. [실무 사례] 배당 안 한 15년, 20억 원 이익의 부메랑

〈사건 보고 : 임대법인 대표 K씨〉
• 상황 : 15년 전 법인 설립, 부동산 3동 보유
• 결과 : 단 한 번도 배당 안 함 → 미처분이익잉여금 20억 원 누적
• 상속 발생 : 부동산 시가 급등 + 20억 원 이익 반영 → 주식 가치 폭증

Q1. 법인 부동산이 상속재산에 직접 안 들어간다면 다행 아닌가?

천만의 말씀이다. 부동산 자체가 상속세 대상은 아니지만, 국세청은 비상장주식 평가를 통해 부동산 시가 상승분을 주식 가치에 100% 반영한다. 결국, 이름만 바뀐 채 더 높은 가액으로 과세된다.

Q2. 배당을 안 한 게 왜 잘못된 선택인가?

배당을 통해 이익을 밖으로 빼냈다면 주식 가치가 낮게 유지되었을 것이다. 하지만 20억 원을 법인 안에 가둬두면서 주식값만 비싸졌고, 결과적으로 '**배당소득세 < 상속세 증가분**'이 되어 자녀들의 고통만 커졌다.

Q3. 상속이 터진 직후에 주식을 팔거나 배당해서 세금을 내면 안 되나?

이미 늦었다. 상속세는 사망하는 날의 가치로 결정된다. 사망 후에 아무리 재산을 정리해도 그날 확정된 세금은 바뀌지 않는다. 임대법인 상속은 사후 대책이 거의 불가능한 **사전 설계**의 영역이다.

> **Expert Tip** 임대법인 사장을 위한 3대 생존 전략
>
> 1. 배당은 세금이 아니라 주식 다이어트입니다 : 매년 적정 금액을 배당해 법인의 몸집을 가볍게 유지하십시오. 그것이 주식 가치 폭등을 막는 유일한 길입니다.
> 2. 자녀를 주주로 참여시키십시오 : 처음부터 자녀 지분을 만들어두거나 가치가 낮을 때 증여해, 미래의 수익이 자녀에게 **직접 귀속**되게 해야 합니다.
> 3. 가업상속공제의 미련을 버리고 재원을 마련하십시오 : 공제를 못 받는 업종임을 인정하고, 상속세를 낼 현금(보험, 유동자산 등)을 법인 밖에서 미리 준비하는 자만이 건물을 지켜낼 수 있습니다.

개인 임대 vs 임대법인 : 당신의 상속세 계산기는 어느 쪽인가?

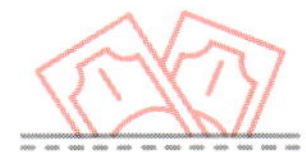

많은 자산가가 소득세를 아끼기 위해 법인전환을 선택한다. 하지만 상속세 측면에서 보면, 개인 임대와 임대법인은 전혀 다른 성적표를 받아들게 된다. 단순히 '**법인이니까 세금이 적겠지**'라는 막연한 기대는 위험하다. 두 구조가 상속의 순간에 어떻게 작동하는지 그 실체를 비교 분석해야 한다.

1. 개인과 법인, 겉모습은 달라도 시가는 피할 수 없다

- 공통점 : 국세청은 어느 쪽이든 부동산의 시가를 기준으로 세금을 매긴다. 개인은 부동산 가액을 직접 계산하고, 법인은 주식 가치 평가를 통해 부동산 가액을 반영할 뿐이다.
- 차이점 : 개인은 부동산 자체가 상속되지만, 법인은 주식이 상속된다. 이 차이가 상속세 관리의 성패를 가른다.

구분	개인 임대	임대법인
상속 대상	부동산 그 자체	법인 주식
평가 방식	시가(감정평가 등)	순자산 + 손익 가치 가중평균
위험 인식	'세금이 많구나' 바로 체감	'주식이 왜 이렇게 비싸?' 뒤늦게 당황
대응 전략	매각, 증여 등 선택지가 넓음.	배당, 주식 구조조정 외에는 제한적

2. [실무 사례] 동일한 30억 원 상가, 왜 법인의 상속세가 더 많을까?

〈비교 자료 : C씨가 보유한 상가 2개〉

• 개인 명의 상가 : 시가 30억 원

• 법인 명의 상가 : 시가 30억 원 + 10년간 쌓인 이익(잉여금) 12억 원

Q1. 상속재산 가액이 왜 이렇게 차이 나나?

개인 임대는 상가 건물(30억 원)만 상속재산이 되지만, 임대법인은 **건물(30억 원) + 법인에 쌓인 돈(12억 원)**이 주식 가치에 모두 녹아든다.

결과적으로 법인 주식 가치는 42억 원 수준으로 평가되어, 개인보다 훨씬 높은 과세표준을 적용받게 된다.

Q2. 법인이 손해인 것 같은데, 왜 그런가?

법인은 배당하지 않은 이익을 법인 내부에 가둬두기 때문이다. 개인은 월세를 받아 생활비로 써버리면 그 돈은 상속재산에서 사라지지만, 법인은 이익이 나갈 통로(배당·급여)를 막아두면 그 돈이 그대로 주식 가치를 부풀리는 세금 저장고 역할을 하게 된다.

Q3. 그럼 임대법인은 무조건 불리한가?

아니다. 관리한다면 **법인이 훨씬 유리**할 수 있다.

- 정기적인 배당으로 잉여금을 털어내고,
- 주식 가치가 낮을 때 자녀에게 지분을 미리 넘겨 가치 상승분을 차단하며,
- 합법적인 퇴직금 설계를 통해 법인 자산을 개인화하는 전략을 쓴다면 법인은 강력한 절세 도구가 된다.

3. [판단 기준표] 나에게 맞는 임대 구조 선택하기

저자의 실무 경험을 바탕으로 정리한 개인 vs 법인 선택 가이드다.

나에게 맞는 선택은?	개인 임대가 유리할 때	임대법인이 유리할 때
보유 기간	5~10년 이내 매각 계획 시	10년 이상 장기 보유 및 승계
자금 용도	월세를 생활비로 즉시 소비	수익 재투자 및 자녀 자산 형성
증여 계획	부동산 지분 증여 계획 없음.	주식 증여를 통한 지분 분산
관리 능력	세무 관리가 번거로울 때	철저한 세무·재무 관리 가능 시

Expert Tip 　**법인전환, 탈출 전략부터 세우십시오**

1. 70세가 넘었다면 신중하십시오 : 법인으로 바꾼 뒤 잉여금을 배당으로 정리할 시간이 부족하다면, 법인전환은 오히려 **상속세 독배**가 될 수 있습니다.
2. 배당은 선택이 아닌 의무입니다 : 임대법인을 운영하면서 배당을 안 하는 것은 상속세 고지서를 키우는 행위입니다. 매년 **적정 세율 구간**에서 배당하십시오.
3. 전문가의 시뮬레이션이 우선입니다 : 개인으로 냈을 때와 법인으로 냈을 때의 총 세 부담(소득세+법인세+상속세)을 10년 단위로 **비교**해본 뒤 결정하십시오.

법인전환의 배신 : 이런 분들은
차라리 개인이 낫다

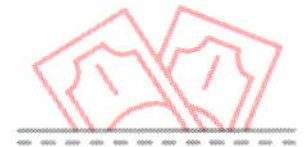

임대업계에서 법인전환은 마치 절세의 끝판왕처럼 여겨지곤 한다. 하지만 준비되지 않은 법인전환은 도리어 되돌릴 수 없는 세금 구조를 만들어 상속인들을 고통받게 한다. 법인이 만능열쇠가 아니라, 오히려 **상속세 폭탄**이 되는 5가지 위험 신호를 공개한다.

1. 법인전환이 독(毒)이 되는 5가지 경우

① 상속이 5~10년 앞으로 다가온 경우

법인전환은 절세를 위한 구조를 만드는 시작일 뿐이다. 70대 이후 급하게 전환하면 취득세·양도세 등 초기 비용만 쓰고, 정작 배당이나 증여를 통해 주식 가치를 낮출 **시간**이 부족하다. 결국, 절세 효과는 못 보고 비용만 날리는 셈이다.

② '절대 배당 안 할 거야'라고 생각하는 경우

법인에 이익을 계속 쌓아두면 미처분이익잉여금이 산더미처럼 불어난다. 이는 주식 가치를 폭등시켜 나중에 자녀가 '**법인세 + 상속세**'를 이중으로 부담하게 만든다.

③ 금싸라기 땅(부동산 가치 상승 지역)을 보유한 경우

재개발이나 역세권 등 시세가 급등하는 지역의 부동산을 법인으로 옮기면, '**부동산 가치 상승분 + 법인 이익 누적**'이 시너지를 일으켜 주식 가치를 천정부지로 끌어올린다. 개인 보유 때보다 훨씬 많은 상속세를 낼 수 있다.

④ 가업상속공제를 꿈꾸는 경우

다시 강조하지만, 임대법인은 가업상속공제 대상이 아니다. 600억 원의 공제 혜택은 제조업이나 건설업 사장들의 이야기일 뿐이다.

⑤ 세금이 안 보이면 안 내는 줄 착각하는 경우

개인은 매달 소득세가 찍히니 위기감을 느끼지만, 법인은 세금이 주식 가치 속에 숨어 자란다. 눈에 보이지 않는 사이 자녀의 상속세는 매일 조금씩 불어나고 있다.

2. [실무 사례] 70대 사장 D씨의 지각 법인전환 결과

〈자료 분석 : 70대 초반 D씨〉

• 자산 : 20억 원 상가 2개 보유
• 상황 : 상속 6년 전 법인전환 단행(소득세 절감 목적)
• 결과 : 배당 없음, 이익 8억 원 누적, 부동산 10억 원 상승

Q1. 그냥 개인으로 뒀다면 상속재산은 얼마인가?

부동산 시가가 10억 원 올랐으므로 50억 원이다. 그동안 월세를 받아 생활비나 병원비로 썼다면 그 돈은 상속재산에서 깔끔하게 빠진다.

Q2. 법인으로 전환한 후의 상속재산은 어떻게 바뀌었나?

부동산 가치 50억 원에, 그동안 배당하지 않고 쌓아둔 이익 8억 원이 더해져 58억 원이 주식 가치에 반영된다. 개인일 때보다 상속재산이 8억 원이나 늘어난 셈이다.

Q3. 법인세가 소득세보다 싸니까 결국 이득 아닌가?

단기적으로는 법인세율(10~25%)이 낮아 보인다. 하지만 돈을 밖으로 빼낼 때 내는 배당소득세와 안 빼내고 쌓아뒀을 때 내는 상속세를 합산하면 절대 싸지 않다. 법인은 세금을 안 내는 게 아니라 미루는 것이고, 미뤄진 세금은 상속세라는 이자를 붙여 돌아온다.

3. [체크리스트] 법인전환, 이 3가지만큼은 따져보라

판단 기준	점검 내용
초기 비용	취득세(중과 여부 확인)와 양도세를 감당할 수 있는가?
소득세 절감	운영 기간 중 줄어드는 소득세가 상속세 증가분보다 큰가?
상속 골든타임	주식 증여와 배당 정책을 실행할 시간(최소 10년)이 있는가?

Expert Tip 고령자의 법인전환이 위험한 도박인 이유

1. 시간이 없습니다 : 법인전환 후 주식 가치를 낮추기 위해 배당으로 이익을 털어내고, 지분을 자녀에게 증여해서 가치를 분산할 물리적 시간이 70대 이후에는 부족합니다.

2. 잉여금은 도망가지 않습니다 : 개인은 월세를 써버리면 그만이지만, 법인은 배당하지 않은 이익이 주식 속에 박제되어 상속세 과표가 됩니다.

3. 취득세 중과를 조심하십시오 : 수도권 과밀억제권역에서 개인 부동산을 법인으로 넘길 때 **취득세가 중과(약 8% 수준)**될 수 있습니다. 30억 원 건물이면 취득세만 2억 원 넘게 나옵니다. 이 비용을 뽑으려면 수십 년을 운영해야 합니다.

임대법인 주식의 비밀 : 왜 우리 회사는 이익도 없는데 주식값이 비쌀까?

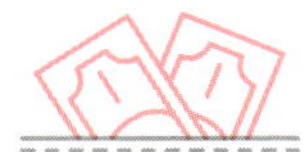

임대법인을 운영하는 사장들이 가장 당황하는 순간이 있다.

'우리 회사는 매년 적자이거나 이익이 거의 없는데, 왜 국세청은 주식 한 주당 가격을 이렇게 높게 매기나?'

그 이유는 임대법인이 세법상 **부동산 과다 보유 법인**이라는 족쇄를 차고 있기 때문이다. 임대법인 주식 가치를 결정짓는 운명의 숫자, 80%에 대해 알아보자.

1. 임대법인 주식 가치를 결정하는 80%의 법칙

비상장주식은 보통 '번 돈(수익)'과 '가진 돈(자산)'을 섞어서 평가한다. 하지만 임대법인은 다르다.

- 부동산 비중 80% 미만 : 수익과 자산을 섞어서 평가한다(장사가 안되면 주식값이 좀 떨어질 여지가 있다).
- 부동산 비중 80% 이상 : 수익은 무시하고 오직 '자산 가치'로만

100% 평가한다[26년 MAX(가중평균, 자산 가치)로 평가].

▶ 결과 : 회사가 적자가 나든 말든, 건물값이 오르면 주식값은 무조건 **수직으로 상승**한다. 이것이 대부분 임대법인이 상속세 폭탄을 맞는 핵심 이유다.

2. [실무 사례] 부동산 90억 원 법인의 주식 가치 계산법

〈분석 자료 : 임대법인 A사의 현황〉

• 총자산 : 100억 원(부동산 90억 원, 현금 등 10억 원) → 부동산 비중 90%

• 부채 : 50억 원 / 순자산 : 50억 원

• 수익 : 최근 3년 평균 순이익 2억 원

• 주식 수 : 1만 주

• 가중평균(순자산 가치 3 : 손손익 가치 2)에 따른 1주당 가치 : 38만 원

Q1. 이 회사의 주식 가치는 어떻게 계산되나?

이 회사는 부동산 비중이 80%를 넘었기 때문에, MAX(가중평균, 순자산 가치×100%)로 평가한다. 가중평균에 따른 1주당 가치는 자료상 38만 원에 해당하므로, 이 경우 **순자산(50억 원)**만 가지고 평가한다.

▶ 최종 주식 가치 : 50억 원 ÷ 1만 주 = 주당 50만 원

Q2. 만약 부동산 비중이 80% 미만이었다면 어땠을까? (순자산 가치 3, 순손익 가치 2로 가중평균하며, 주식 가치의 하한가를 정하는 80% 법칙은 미적용)

수익 가치를 섞을 수 있다면, 결과가 극적으로 바뀐다.

• 순자산 가치 : 50만 원

• 순손익 가치 : (2억 원 × 10) ÷ 1만 주 = 20만 원

• 가중평균 : (순자산 50만 원 × 3 + 수익 20만 원 × 2) ÷ 5

= 주당 38만 원(하한가 적용 시 50만 원의 80%인 40만 원임)

▶ 결론 : 부동산 비중을 조절하는 것만으로도 주식 가치를 24%나 낮출 수 있다.

Q3. 급하게 현금을 빌려와서 부동산 비중을 80% 밑으로 낮추면 안 되나?

국세청은 바보가 아니다. 세법(소득세법 시행령 158조 제4항 제2호)은 평가 전 1년 이내에 빌린 돈이나 증자로 늘린 현금은 자산 총액에서 제외해 버린다. 즉, 상속 직전에 급조한 현금 수혈은 아무런 효과가 없다.

3. [전략 가이드] 순자산으로만 100% 평가받는 위험 대상들

다음에 해당한다면 우리 회사는 수익과 상관없이 자산만으로 주식값이 매겨질 준비를 해야 한다.

대상 법인	특징	리스크
사업 개시 3년 미만	신규 설립 법인	수익력이 검증 안 되어 자산으로만 평가
청산·폐업 진행 중	계속 기업이 아님	미래 수익이 없으므로 현재 자산만 평가
존속기한 3년 이내	시한부 법인	장기 수익을 기대할 수 없어 자산만 평가

Expert Tip 임대법인 주식 가치, 장기전으로 승부하십시오

1. 80% 선을 미리 지키십시오 : 현금이나 금융자산, 보험 등을 통해 부동산 비중을 80% 미만으로 관리하려면 최소 상속 1년 전에는 모든 세팅이 끝나야 합니다.
2. 이익잉여금을 **개인화**하십시오 : 자산 가치로만 평가받는 구조에서는 법인 안에 쌓인 현금이 그대로 주식값이 됩니다. 배당이나 급여를 통해 법인의 순자산을 미리미리 줄여두어야 합니다.
3. 취득 시점부터 설계하십시오 : 새로운 부동산을 법인으로 살 때, 다른 자산과의 비중을 고려하지 않으면 평생 순자산 100% 평가라는 **족쇄**를 차게 됩니다.

소규모 성실신고 임대법인 : 국세청의 현미경 아래에 선 사장들

임대업을 법인으로 운영하면 무조건 자유로울까? 아니다. 일정 요건 (임대수입 50% 이상, 지배주주 50% 초과 지분, 근로자 5인 미만)을 갖춘 소규모 법인은 **소규모 성실신고법인**으로 지정되어 일반법인보다 훨씬 엄격한 잣대를 적용받는다. 소득세 절감의 기쁨도 잠시, 국세청의 현미경 관리가 시작되는 것이다.

1. 일반법인과는 차원이 다른 규제의 벽

소규모 성실신고법인이 되는 순간, 비용 처리에 강력한 브레이크가 걸린다.

구분	일반 중소법인	소규모 성실신고법인
업무추진비 한도	연간 3,600만 원	연간 600만 원
차량비용(일지 미작성)	연간 1,500만 원	연간 500만 원
적용 법인세율	10~25%	20~25%(낮은 세율 구간 배제)
세무 확인 의무	해당 없음.	세무사의 성실신고 확인서 필수
관리 강도	일반 관리	가장 엄격한 정밀 관리

2. 소규모 법인 사장들이 흔히 하는 3가지 착각

• **착각 ① "성실신고를 하면 세무 조사가 면제된다?"**

아니다. 성실신고는 면죄부가 아니라 **자료를 더 꼼꼼히 제출**하라는 명령이다. 오히려 제출된 자료를 통해 국세청은 더 정교하게 세무 조사 대상을 고를 수 있게 된다.

• 착각 ② "임대수입은 뻔하니 세무 처리도 쉽다?"

수입은 단순하지만, 나가는 비용(급여, 차량비, 수선비 등)에 대해 **업무 관련성**을 입증하기가 훨씬 까다롭다. 세무서가 "이거 사장 개인 용도로 쓴 거 아니에요?"라고 묻기 딱 좋은 구조이기 때문이다.

• 착각 ③ "법인세만 내면 끝이다?"

임대법인의 진짜 무서움은 **미처분이익잉여금**에 있다. 매년 법인세만 내고 이익을 쌓아두면, 나중에 주식 가치가 폭등해서 상속세 폭탄으로 돌아온다. 성실신고 대상일수록 이 이익 관리가 더욱 정교해야 한다.

3. [실무 사례] 매출 20억 원 임대법인 B사의 위기

〈분석 자료 : 대표 1인 주주 B법인〉
- 특징 : 직원 2명, 성실신고 대상
- 문제 : 법인 카드로 생활비 지출, 잉여금 6억 원 누적
- 결과 : 업무추진비 한도 초과로 법인세 가산, 가지급금 누적으로 인한 세무 리스크 발생

Q1. 법인 계좌에서 생활비를 쓴 것이 왜 큰일인가?

성실신고법인은 세무사가 지출 내역을 일일이 확인한다. 사적 사용이 발견되면 즉시 가지급금으로 분류되거나 대표자 상여로 처리되어 소득세가 추가 부과된다. 상속 시에는 이 가지급금이 상속재산으로 추정되어 세금을 키운다.

Q2. 업무추진비와 차량비 한도가 왜 이렇게 낮은가?

정부는 소규모 가족 법인이 사적으로 비용을 처리하는 것을 막기 위해 한도를 일반법인의 1/3(업무추진비는 1/6) 수준으로 대폭 낮췄다. 이를 모르고 예전처럼 비용을 떨다가는 신고 시 **대부분 부인**당하게 된다.

> **Expert Tip** 성실신고 임대법인을 위한 세무 서바이벌
>
> 1. 비용은 설명 가능성이 생명입니다 : 단순히 영수증이 있다고 끝이 아닙니다. 이 지출이 법인의 수익을 위해 왜 필요했는지 논리를 세워두십시오.
> 2. **잉여금 다이어트**를 정례화하십시오 : 성실신고 대상일수록 배당이나 급여 설계를 통해 이익을 밖으로 빼내야 합니다. 주식 가치가 무거워지기 전에 사전증여를 검토하는 것도 필수입니다.
> 3. 법인과 개인을 철저히 분리하십시오 : 소규모 법인일수록 '이 돈이 내 돈'이라는 생각을 버려야 합니다. 법인 통장에서 나가는 **1원도 꼬리표**가 있어야 상속세 조사에서 살아남습니다.

제 8 장

[로드맵] :
상속세 반 토막을 완성하는
10년의 골든타임 설계

상속세는
10년 전 선택으로 결정된다

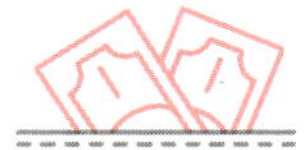

많은 분이 '돌아가시기 직전에 재산을 좀 정리하면 상속세가 줄겠지'라고 생각한다. 하지만 국세청의 시계는 우리보다 훨씬 일찍 돌아간다. 상속세 조사의 핵심은 사망 당일의 잔액이 아니라, 지난 10년간의 돈의 흐름을 추적하는 데 있기 때문이다. 상속세를 반으로 줄이고 싶다면, 지금 당장 **10년 로드맵**을 그려야 한다.

1. 왜 하필 10년인가? (상속세의 시간 법칙)

우리 세법은 사망 직전에 재산을 빼돌려 세금을 피하는 것을 막기 위해 **사전증여재산 합산**이라는 그물을 쳐두었다.

- 상속인(배우자, 자녀) : 사망 전 10년 이내에 준 재산은 모두 상속재산에 다시 포함된다.
- 비상속인(손주, 사위, 며느리) : 사망 전 5년 이내에 준 재산만 합산된다.

결국, 10년(혹은 5년)이라는 시간을 벌지 못하면 아무리 증여해도 상속세 절감 효과는 제로가 된다. 반대로 말하면, 시간을 **내 편**으로 만드는 자만이 상속세에서 벗어날 수 있다.

2. [실무 사례] 60억 원 자산가 E씨의 후회 : "2~3년이면 될 줄 알았다"

〈분석 자료 : 68세 E씨의 상황〉

- 자산 : 60억 원 상당 부동산(현금 거의 없음)
- 가족 : 배우자, 자녀 2명
- 문제 : 상속 대비를 전혀 안 하다가 70대를 앞두고 다급해짐.

Q1. 2~3년 정도 바짝 준비하면 안 될까?

냉정하게 말씀드리면, 2~3년은 세금을 줄이는 기간이 아니라 세금을 마련하는 기간에 불과하다.

- 증여 : 10년 합산 규정에 걸려 세금 절감 효과가 거의 없다.
- 부동산 처분 : 급하게 팔면 양도세 폭탄과 급매로 인한 손해를 감수해야 한다.

▶ 결론 : 단기 대책은 대부분 사후약방문(死後藥方文)이 되기 쉽다.

Q2. 그럼 지금 시작해도 이미 늦은 것 아닌가?

아니다!

상속세의 세계에서 가장 어리석은 사람은 '이미 늦었어'라고 포기하고 아무것도 안 하는 사람이다. 10년을 다 채우지 못하더라도 7년, 5년, 3년이라도 준비한 사람과 그렇지 않은 사람의 세금 차이는 수억 원에 달한다. 며느리나 사위, 손주를 활용하면 **5년**이라는 단기 코스도

가능하기 때문이다.

3. [전략표] 상속세 반 토막을 위한 10년 로드맵

저자의 실무 지침을 바탕으로 구성한 타임라인이다.

기간	핵심 목표	구체적인 실천 전략
10~7년 전	기초 공사	전체 재산 구조 점검, 1차 증여 시작(10년 주기 공제 활용)
7~5년 전	체질 개선	부동산 비중 축소, 상속세 납부용 현금 흐름(보험 등) 확보

Expert Tip 로드맵 작성 시 기억해야 할 3가지

1. 금액보다 **타이밍**입니다 : 재산 가치는 시간이 갈수록 오릅니다. 10억 원이 20억 원이 되기 전에 증여하는 것이 가장 큰 절세입니다.
2. 나눠야 삽니다 : 한 번에 거액을 증여하면 증여세율 자체가 높아집니다. **10년 주기**로 증여공제를 챙기며 나눠서 증여하십시오.
3. **비상속인** 카드를 아껴두지 마십시오 : 건강이 염려되거나 시간이 촉박하다면, 5년만 지나면 합산되지 않는 손주나 며느리 증여를 적극적으로 활용하십시오. 이것이 10년 로드맵을 5년으로 압축하는 기술입니다.

기간	핵심 목표	구체적인 실천 전략
5~3년 전	우회 전략	비상속인(손주, 사위, 며느리) 증여로 합산 기간 단축(5년 전략)
3년 이내	최종 방어	상속세 재원 최종 점검, 가족 간 분쟁 예방 및 유언장 작성

자산 10억 원과 100억 원은
싸우는 법이 다르다 :
체급별 상속세 맞춤 필승법

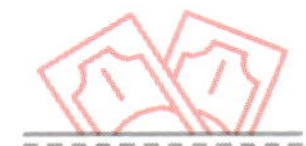

상속세는 단순히 재산이 많아진다고 세율만 올라가는 세금이 아니다. 재산의 규모에 따라 싸우는 방법, 준비 시점, 사용하는 도구가 완전히 달라지는 게임이다. 10억 원 자산가와 100억 원 자산가가 똑같은 전략을 쓴다면, 한쪽은 세금을 더 내거나 다른 한쪽은 재산을 통째로 잃게 된다.

1. 재산 규모별 3대 접근 전략

① 20억 원 미만 : "과잉 설계가 독이 되는 구간"

이 구간은 배우자공제와 일괄공제만 잘 활용해도 상속세를 거의 내지 않거나 최소화할 수 있다.

▶ 주의점 : 절세하겠다고 무리하게 법인으로 바꾸거나 성급하게 증여했다가는 오히려 취득세와 증여세만 더 낼 수 있다.

▶ 핵심 : 세금 줄이기보다 부동산 시가 관리와 가족 간 분쟁 예방에 집중해야 한다.

② 20~50억 원 : "준비 여부에 따라 세금이 2배 갈리는 구간"

공제만으로는 상속세를 다 막을 수 없다. 본격적인 **자산 재배치**가 필요하다.

- 주의점 : 계획 없는 증여는 배우자공제를 축소해 오히려 전체 세금을 키울 수 있다.
- 핵심 : 증여 타이밍과 부동산 비중 조절이 승부처다.

③ 50억 원 이상 : "준비하지 않으면 상속이 아니라 청산이다"

이 단계에서 상속세는 단순한 세금이 아니라 자산 이전 비용이다. 단편적인 절세로는 답이 안 나온다.

- 주의점 : 현금흐름(재원) 마련에 실패하면 세금을 내기 위해 알짜 부동산을 급매하거나 회사를 팔아야 한다.
- 핵심 : 법인·지분·배당·보험을 총동원한 **종합 설계**가 필수다.

2. [실무 사례] 4명의 사장, 4가지 운명

〈사건 분석 : 우리 주변의 상속 시나리오〉

- **A씨**(10억 원) : **"상속세보다 무서운 건 자식들의 카톡이다"**

세금 걱정 없는 구간이라고 안심했다. 일괄공제 5억 원에 배우자공제 5억 원이면 낼 세금은 0이니까. 하지만 문제는 돈이 아니라 아파트 한 채라는 데 있었다. "내가 모셨으니 내 거다", **"법정 지분대로 나누자"**라며 자식들은 장례식장 복도에서부터 갈라섰다. 세금 한 푼 안 내고도 가족은 남보다 못한 사이가 되었다.

- **B씨(20억 원) : "어물쩍 넘기다 절반을 털리다"**

'나중에 알아서 하겠지'라며 손을 놓고 있다가 부랴부랴 사망 직전에 현금을 인출하고 증여를 시도했다. 그러나 국세청은 상속추정과 10년 합산이라는 그물을 던졌다. 준비 없는 상속은 최고세율 구간을 직격으로 맞게 했고, 결국 상속세와 가산세를 내느라 평생 일군 자산의 절반이 국세청으로 흘러갔다.

- **C씨(50억 원) : "섣부른 증여가 독이 되다"**

절세를 하겠다고 5년 전 자녀들에게 수억 원을 증여했다. 그런데 이게 웬걸? 상속이 발생하자 그 증여재산이 고스란히 상속재산에 합산되었다. 더 큰 문제는 증여세 낼 돈을 마련하느라 대출을 받은 것. 상속세는 증여 전보다 2배로 불어났고, 10년이라는 골든타임을 계산하지 못한 **설계의 오류**는 뼈아픈 결과로 돌아왔다.

- **D씨(100억 원) : "부자라는데 세금 낼 현금이 없다"**

자산 규모는 100억 원, 남들의 부러움을 사는 사장님이다. 하지만 속을 들여다보니 빌딩 한 채와 법인 주식이 전부다. 상속세로 수십억 원을 내야 하는데 통장에는 1억 원도 없다. 급매로 건물을 내놓으니 시세보다 20%는 깎아야 나간다. 평생 공들여 키운 회사는 세금 내느라 지분을 팔아야 할 판이다. 부자로 죽었지만, 상속인들은 **파산 직전**이다.

Q. 왜 재산이 많을수록 현금이 원수가 되나?

재산 100억 원인 D씨의 비극은 재산의 형태에 있다. 국세청은 부동산이나 주식이라는 종이가 아니라 통장에 찍히는 현금을 원한다.
- 자산의 유동성 부족 : 부동산은 당장 팔기 어렵고, 비상장주식은 살

사람조차 없다.

- 물납의 한계 : 부동산으로 세금을 대신 내는 물납은 조건이 까다롭고, 시세보다 훨씬 낮은 감정가로 평가받아 손해가 막심하다.

▶ 결론 : 상속세는 **얼마인가**의 문제보다 **어떻게 낼 것인가(현금흐름)**의 문제다. 준비되지 않은 부(富)는 상속인들에게 축복이 아니라 거대한 빚더미일 뿐이다.

3. [로드맵] 전문가가 제안하는 재산 규모별 필승 전략

저자의 실무 데이터를 한눈에 볼 수 있도록 표로 정리했다.

구분	약 30억 원	약 50억 원	100억 원 이상
목표	관리 안정 및 분쟁 예방	절세 설계 및 자산 재배치	자산 방어 및 승계 구조 확립
핵심 도구	시가 관리·감정평가	사전증여·지분 분할	법인·배당·보험·가업 승계
부동산	보유형 중심	임대·법인전환 검토	법인 이전 및 주식화
재원 마련	장례비·소액 세금 점검	연부연납 설계	상속세 전용 보험(종신) 필수
위험 요소	채무 부인·평가 오류	증여 시기·방법의 실수	조사 대응·지배력 상실

Expert Tip 규모에 맞는 상담의 깊이를 선택하십시오

1. 20억 원 이하라면 : 세무사와 부동산 평가와 유언에 대해 상담하십시오.
2. 50억 원 내외라면 : 10년 단위 증여 플랜과 부동산 명의 분산을 상담하십시오.
3. 100억 원 이상이라면 : 가족 법인 설립과 상속세 재원(보험) 마련, 그리고 사후 세무 조사 대응까지 포괄하는 **주치의** 시스템이 필요합니다. 지금 당장 행동을 취하셔야 합니다.

연령별 상속 전략 :
나이에 따라 무기가 달라져야 한다

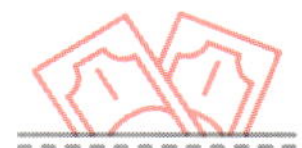

상속세 준비는 정답이 없지만, 확실한 오답은 있다. 바로 나이를 고려하지 않은 무리한 설계다. 60대에 해야 할 일을 80대에 시도하면 그것은 절세가 아니라 **사고**가 된다. 상속세 시계는 멈추지 않는다. 지금 당신의 나이에 맞는 최고의 선택은 무엇일까?

1. 연령대별 상속 준비의 3단계 이정표

① 60대 : "마지막 여유 구간, 밑그림을 그려라"

아직은 상속이 멀게 느껴질 수 있지만, 이때가 자산의 지도를 바꿀 수 있는 마지막 기회다.

- 핵심 : 부동산을 계속 가져갈지, 법인으로 전환할지, 현금화할지 결정해야 한다.

- 실천 : 10년 주기 증여를 개시하고 법인 구조를 재배치하는 등 **선택지**를 넓히는 시기다.

② 70대 : "본게임 시작, 숫자로 승부하라"

막연한 추측은 끝났다. 이제는 실제 고지서에 찍힐 숫자를 계산해야 한다.

- ▶ 핵심 : '누가, 언제, 어떻게 세금을 낼 것인가'에 답을 내야 한다.
- ▶ 실천 : 상속세 재원을 수치화하고, 고액 증여보다는 **소액·분산 증여**로 안전하게 자산을 넘겨야 한다.

③ 80대 이후 : "사고 수습의 단계, 욕심을 버려라"

이 시기의 무리한 구조 변경은 국세청의 표적이 될 뿐이다.

- ▶ 핵심 : 절세보다 **분쟁 방지**와 **조사 방어**가 우선이다.
- ▶ 실천 : 유언장을 작성하고, 상속세 낼 현금을 최종 점검하며 리스크를 최소화하는 정리에 집중해야 한다.

2. [실무 사례] 자산 60억 원 C씨, 나이에 따른 운명의 차이

〈자료 분석 : 부동산 40억 원, 주식 20억 원 보유 C씨〉

• 준비 없을 시 : 과세표준 40억 원 → 상속세 약 15.4억 원 발생

Q1. C씨가 60대라면 무엇을 해야 할까?

시간이 우리 편이다. 자녀에게 단계적 증여를 시작하고, 임대법인의 이익잉여금을 배당과 급여로 미리 털어내 주식 가치를 낮춰야 한다. 한번에 15억 원 낼 세금을 **나눠서 관리**하는 구조로 바꿀 수 있다.

Q2. C씨가 70대라면 전략이 어떻게 바뀌나?

이제는 모험보다 안정이 중요하다. 부동산을 새로 법인화하기보다는 기존 자산의 평가 방식을 **점검(감정평가 활용 등)**하고, 자녀들이 세금을 낼 수 있는 유동성(보험, 예금)을 확보하는 데 집중해야 한다.

Q3. 80대 C씨에게 남은 선택지는 무엇인가?

절세 기술보다는 **현실적인 대응**이다. 갑작스러운 증여는 상속세 합산 규정 때문에 오히려 독이 된다. 정확한 재산 평가로 가산세를 막고, 가족 간 싸움이 나지 않도록 분할안을 확정 짓는 것이 최고의 효도다.

3. [절대 금지] 80대 이후 사장이 피해야 할 치명적 행동

저자를 포함해 세무사들이 현장에서 가장 탄식하는 5가지 실수다.

절대 금지 항목	위험 요인
갑작스러운 고액 증여	증여세는 증여세대로 내고, 상속세에 그대로 합산되어 조사만 촉발함.
시가를 무시한 가족 거래	'자녀니까 싸게 준다'라는 생각은 100% 부인당하고 가산세 폭탄으로 돌아옴.
급조된 법인 설립	법인은 최소 5~10년의 세월이 필요한 도구. 80대 이후에는 조사 위험만 키움.
유언장 없이 버티기	세금은 돈으로 해결되지만, 형제간 분쟁은 가문을 깨뜨림.
전문가 없는 독단적 판단	이 시기의 판단 실수는 수억 원의 수업료를 국가에 내게 함.

1. 상속세는 준비 기간에 비례해 줄어듭니다 : 60대에 시작하면 반 토막이 가능하지만, 80대에 시작하면 사고 수습비만 더 들 수 있습니다.

2. 비상속인(손주·며느리) 카드를 활용하십시오 : 시간이 부족한 70~80대라면 합산 기간이 5년인 비상속인 증여가 **마지막 돌파구**가 될 수 있습니다.

3. 건강 검진하듯 상속 검진을 받으십시오 : 연령대별로 상황은 계속 변합니다. 2~3년에 한 번씩은 우리 집 상속세 지도가 어떻게 변했는지 전문가와 체크해야 합니다.

혼자냐 여럿이냐 : 가족의 구성이
당신의 상속세를 결정짓는 진짜 변수다

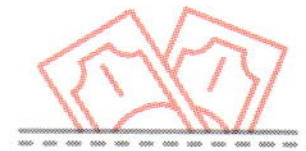

상속세는 단순히 재산의 숫자로만 계산되지 않는다. 똑같은 30억 원을 남겨도 배우자가 있느냐 없느냐, 자녀가 몇 명이며, 관계가 어떠하냐에 따라 세금 고지서의 앞자리와 가족의 평화가 결정된다. 내 재산을 지키고 싶다면, 세무 상담 전에 **우리 가족의 구조**부터 냉정하게 분석해야 한다.

1. 가족 구성에 따른 상속 전략의 4가지 유형

① 배우자만 있는 경우 : "지금은 웃지만, 나중엔 운다" (2차 상속의 함정)

가장 강력한 절세 무기인 배우자공제 덕분에 당장은 세금이 거의 없을 수 있다.

▶ 핵심 : 배우자에게 재산을 몰아주어 당장 세금을 없애는 것보다 배우자 사망 시 벌어질 **2차 상속 폭탄**을 자녀와 함께 설계해야 한다.

② 배우자와 자녀가 있는 경우 : "방심이 분쟁을 부른다" (형평의 문제)

가장 흔한 구조라 안심하지만, 실무상 가장 사고가 많은 유형이다.

▶ 핵심 : 특정 자녀에게만 편중된 사전증여는 세금 합산 문제는 물론, 형제간의 평생 원수가 되는 씨앗이 된다. 공평보다 더 무서운 것이 **형평**이다.

③ 배우자가 없는 경우 : "시간이 곧 돈이다" (타이밍의 사투)

배우자공제가 사라지는 순간, 상속세는 급등한다.

▶ 핵심 : 증여를 너무 늦추면 상속세 폭탄을 맞고, 너무 서두르면 증여세 폭탄을 맞는다. 증여의 속도 조절이 이 가정의 생존 전략이다.

④ 재혼·비혼·복합 가정 : "세금보다 사람이 무섭다" (구조의 전쟁)

법이 정한 상속분과 나의 실제 의사가 충돌하는 지점이 가장 많다.

▶ 핵심 : 절세 기술은 두 번째 문제다. 유언장과 지분 구조 정리를 통해 **상속 자체가 무너지는 것**부터 막아야 한다.

2. [실무 사례] 동일한 25억 원, 가족에 따라 달라지는 운명

사례	가족 구성	상속 리스크 분석	전문가의 처방
A씨	배우자만 있음	1차 상속은 제로, 2차는 폭탄	상속 시점의 분산 설계
B씨	배우자 + 자녀 2명	방심에 따른 형제간 갈등	사전 합의를 전제로 한 증여
C씨	배우자 없음	공제 여력 급감으로 세금 급등	타이밍 분산을 통한 증여
D씨	재혼(전혼 자녀 포함)	법정 지분 vs 실제 의사 충돌	유언 및 지배구조 사전 확정

Q. 왜 배우자가 없으면 상속세가 급등하나?

배우자공제는 최소 5억 원에서 최대 30억 원까지 가능하다. 이 거대한 방패가 사라지면 25억 원 자산가는 공제 혜택 없이 최고세율 구간에 노출된다. 배우자가 없는 1인 가장이라면, 비상속인(손주·며느리) 증여 등을 통해 훨씬 공격적인 로드맵을 짜야 한다.

3. [전략 가이드] 우리 가족을 위한 상속 한 줄 요약

1. 배우자만 있다면 : 상속 시점을 분산하십시오.
2. 배우자와 자녀가 있다면 : 자녀 간 지분을 조율하십시오.
3. 홀로 계신 부모님이라면 : 증여의 타이밍을 잡으십시오.
4. 재혼가정이라면 : 상속의 구조부터 바로 세우십시오.

Expert Tip 가족 구조가 복잡할수록 기록이 답입니다

1. 상속은 감정의 문제입니다 : 세금 1억 원 줄이는 것보다 **형제간 우애**를 지키는 것이 더 큰 이득입니다. 증여 내역을 투명하게 관리하십시오.
2. 법정 상속분에 연연하지 마십시오 : 내 재산을 누구에게 줄지는 내 권리입니다. 다만, 나중에 다툼이 없도록 유류분 등을 고려한 **전문가의 설계**가 필요합니다.
3. 가족의 변화를 업데이트하십시오 : 이혼, 재혼, 손주의 탄생 등 가족 관계가 변할 때마다 **상속 로드맵**도 새롭게 그려야 합니다.

거주자 vs 비거주자, 당신의 선택이 세금을 결정한다

많은 분이 '자녀도 해외에 있고, 나도 해외에서 오래 살았으니 한국 상속세는 남의 일'이라고 생각한다. 하지만 현실은 정반대다. 거주자 판정 하나에 따라 내가 낼 상속세는 0원이 될 수도, 수십억 원이 될 수도 있다. 비거주자는 과세 범위가 줄어들지만, 동시에 **강력한 공제 혜택**(배우자공제 등)도 함께 사라진다는 사실을 반드시 기억해야 한다.

1. 거주자와 비거주자, 무엇이 결정적으로 다른가?

구분	거주자(Resident)	비거주자(Non-resident)
과세 대상	전 세계 모든 재산(국내 + 국외)	국내에 있는 재산만 과세
상속공제	모든 공제 적용(배우자·일괄공제 등)	기초공제 2억 원만 가능(그 외 불가)
판단 기준	주소, 183일 이상 거주, 가족·재산의 위치	거주자가 아닌 자
신고기한	상속개시일이 속하는 달의 말일로부터 6개월	상속개시일이 속하는 달의 말일로부터 9개월

2. [실무 사례] 해외 거주 10년 C씨의 비거주자 실패기

〈사료 분석 : 해외 거주자 C씨의 상황〉

• 자산 : 국내 상가 30억 원, 해외 예금 20억 원

• 가족 : 배우자와 자녀는 국내 주택에 거주 중

• 상황 : 본인은 해외 체류 기간이 길어 비거주자라고 확신함.

Q1. C씨는 왜 비거주자로 인정받지 못했나?

해외에 오래 살았더라도 배우자와 자녀가 국내 주택에 거주하고 있

고, 국내 체류 시 그 집을 이용했다면 국세청은 **생활의 중심은 한국**이라고 본다. 즉, C씨는 거주자로 판정된다.

Q2. 판정이 뒤집히면 세금이 얼마나 차이 나나?

- 비거주자로 인정 시 : 국내 상가 30억 원에 대해서만 과세(해외 20억 제외)
- 거주자로 판정 시 : 전체 50억 원에 대해 과세(해외 예금 20억 원 추가 합산)

판정 하나로 세금을 매기는 재산의 규모가 20억 원이나 불어난 것이다.

Q3. 해외 재산은 안 걸리지 않을까?

과거에는 그랬을지 모른다. 하지만 지금은 금융정보 자동교환(CRS) 시스템을 통해 해외계좌와 주식 정보가 **국세청으로 자동 보고**된다. 숨겼다가 걸리면 가산세와 세무 조사라는 감당하지 못할 대가를 치러야 한다.

3. [전략 가이드] 비거주자를 위한 상속세 생존 전략

전략 항목	핵심 실행 지침
지위 확정	사망 직전 1~2년의 국내 체류 기간과 동선을 철저히 관리하라(병원 치료 등 주의).
배우자공제	비거주자는 배우자공제가 안 된다! 배우자가 있다면 차라리 거주자 지위가 유리할 수 있다.
국내 재산 정리	국내 재산 하나가 상속세의 불씨가 된다. 상속 전 매각하거나 해외로 이전할지 검토하라.
글로벌 절세	한국 상속세만 보지 말고, 거주 국가의 유산세와 이중과세 여부를 통합 점검하라.

Expert Tip **비거주자 상속에서 가장 많이 터지는 5대 사고**

1. 판단 착오 : '나 해외 살아'라고 믿고 신고 안 했다가 나중에 거주자로 뒤집혀 독박 과세
2. 공제 배제 : 배우자공제가 당연히 되는 줄 알고 계산했다가 수십억 원의 세액 차이 발생
3. 신고기한 오해 : 비거주자는 9개월이지만, 상속인이 한 명이라도 국내에 있으면 6개월인지 헷갈리다 기한 초과
4. 사망 직전 귀국 : 병원 치료나 간병을 위해 잠시 들어온 기간 때문에 **거주자로 판정되는 비극**
5. 해외자산 누락 : 해외 재산은 모를 거라는 안일한 생각으로 신고했다가 전수 조사 착수

제 9 장

[비밀 병기] :
국세청 데이터 추적을 피하는 카테고리별 절세 기술

개인의 핵심 기술 : AI도 바로 수긍하는 사전증여와 배우자공제의 황금 분할

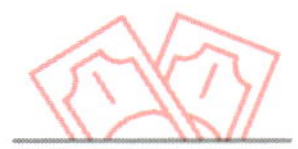

상속에 대비할 때 가장 중요한 것은 세율이 아니다. 바로 타이밍과 분할이다. 상속세를 반 토막 내는 사람과 국가가 정한 세금을 그대로 다 내는 사람의 결정적 차이는 다음 3가지 전략을 알고 있느냐에 달려 있다.

1. 개인의 핵심 기술 : 사전증여와 배우자공제의 황금 분할

① 10년 단위 사전증여는 기본값이다.

상속 설계의 출발점은 언제나 10년 단위다. 핵심은 누구에게, 무엇을, 언제 주느냐다.

- 자녀 : 공제 한도를 기준으로 증여세 부담이 낮은 시점을 노린다.

- 자산 : 현금보다는 향후 가치 상승 가능성이 큰 자산을 먼저 넘겨야 한다.

② 배우자공제는 마지막 카드가 아니라 중간 카드다.

많은 이들이 '배우자공제는 최대 30억 원까지 되니 마지막에 몰아주면 되겠지'라고 생각한다. 하지만 전문가는 배우자공제를 **2차 상속(배우자 사망 시 자녀에게 가는 상속)**을 준비하는 징검다리로 활용한다.

- 배우자에게 얼마를 남길 것인가?
- 그 재산이 다시 자녀에게 이전될 구조가 잡혀 있는가?
- 배우자 사망 시 발생할 2차 상속세 부담을 계산했는가?

▶ Note : 배우자공제는 당장 세금을 줄이는 도구인 동시에, 다음 세대로 넘어가기 위한 **시간 벌기 장치**다. 이 관점이 없으면 1차 상속에서 아낀 세금이 2차 상속에서 세금 폭탄으로 되돌아온다.

③ 자산 확정 기술로 규정을 역이용하라.

상속 개시 전 10년 이내 증여재산이 상속재산에 합산되는 규정은 일반인에게는 불리하다. 하지만 전문가는 이를 가치 확정의 기회로 삼는다.

▶ 핵심 : "앞으로 오를 자산을 미리 증여해, 상속 시점에는 이미 낮은 가치로 확정해둔다."

▶ 대상 : 개발 예정 토지, 재건축 부동산, 기업 가치가 오를 비상장주식 등

가치가 낮을 때 증여하면, 설령 10년 이내에 상속이 발생해 합산되더라도 증여 이후의 **가치 상승분은 상속세 대상에서 제외**된다.

2. [실무 사례] 평범한 중산층 1주택자의 상속세 다이어트

분석 자료

- K씨 : 1세대 1주택 보유(2000년대 5억 원 취득 → 현재 30억 원)
- 상태 : 양도 시 비과세 및 장기보유특별공제(80%) 가능

• 예상 상속세 : 약 5억 원

Q1. 상속세 절감을 위한 현실적인 방안은?

개인이 취할 수 있는 전략은 크게 4가지다.

① 그대로 보유 후 상속(기본)

② 사전 지분 증여(부담부 증여 포함)

③ 가족 간 매매(감정평가 후 저가 양도)

④ 법인 활용

Q2. 양도 후 8억 원을 사전증여한다면? (양도세 반영)

단순히 집을 갖고 있다가 상속하는 것보다 전략적으로 자산을 움직였을 때의 차이를 계산해보자.

항목	계산 내역	결과
양도세	과세표준 3억 원(장특공 80% 적용)	약 1억 원(지방세 포함)
자산 변화	30억 원(현물) → 29억 원(세후 현금)	–
사전증여	자녀 등에게 8억 원 증여	–
최종 상속가액	21억 원(30억 원 – 8억 원 – 1억 원)	9억 원 감소

[결론 : 판단 포인트]

이 사례의 핵심은 세금의 액수가 아니라 순서다. 상속 전에 자산을 한 번이라도 움직였는지, 배우자를 구조의 축으로 활용했는지, 부동산을 현금화해 분할을 쉽게 했는지에 따라 상속세는 **피할 수 없는 재난**이 될 수도, **관리 가능한 비용**이 될 수도 있다.

Expert Tip 상속세 다이어트 핵심 팁

1. 상속은 오늘의 문제입니다 : 상속 준비는 임종 직전이 아니라, 최소 10년 전부터 시작하는 것이 정석입니다.

2. 배우자공제는 시간을 사는 것입니다 : 당장 절세를 넘어, 다음 세대로 재산이 이어지는 골든타임을 확보하십시오.

3. 자산의 성격이 분쟁을 결정합니다 : 현금은 나누기 쉽지만, 부동산은 싸우기 쉽습니다. 상속의 완성은 세금 절감을 넘어 **가족의 화목**에 있습니다.

4. 방법이 금액보다 중요합니다 : '상속세는 단순히 얼마를 가졌느냐?'보다 '어떻게 나누고 재편했느냐?'에 따라 그 숫자가 완전히 달라집니다.

5. 양도 등을 선택할 때는 반드시 양도세 크기부터 확인하시기 바랍니다.

자영업자의 핵심 기술 : 국세청도 인정하는 클린 계좌와 가업 승계의 시너지

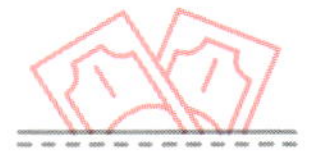

자영업자는 개인 자산과 사업 자산이 쉽게 섞인다. 부채, 현금 인출, 가족 지원이 하나의 계좌 흐름에서 이루어지는 경우가 많기 때문이다. 이 때문에 자영업자의 상속세는 단순히 재산 규모가 아니라 계좌 관리 상태에 따라 결정된다.

1. 자영업자가 반드시 지켜야 할 3대 관리 원칙

① 자녀에게 빌려준 돈을 방치하지 마라.

70~80대 자영업자의 상당수는 자녀에게 생활비나 사업자금을 빌려주며 자금을 이전한다. 문제는 차용증, 이자, 상환 기록이 없는 경우가 대부분이라는 점이다. 기록이 없으면 세법은 이를 대여금이 아닌 사전 증여 또는 상속재산으로 간주한다.

※ 실무 보완책

- 차용증 작성 : 자금 이동 시점에 즉시 작성할 것
- 적정 이자율 : 연 4.6% 적용(법정 이자율 준수 원칙이나 그 이하도 가능)

• 송금 기록 : 이자는 반드시 계좌 이체를 통해 실제 흔적을 남길 것

이 3가지만 지켜도 불분명한 자금인출이 상속재산으로 가산되는 것을 차단할 수 있다.

② 사업용 계좌인출은 쓴 돈이 아니라 설명해야 할 돈이다.

'내가 번 돈 내가 쓰는데 뭐가 문제냐'라는 생각이 상속세 조사의 최대 걸림돌이다. 상속세 조사에서 사용처가 불분명한 인출금은 자동으로 **개인 재산 형성 자금**으로 추정된다.

• 배우자 계좌로 이전된 자금
• 자녀 명의의 자산 취득자금
• 현금 인출 후 사용처가 입증되지 않은 금액

핵심은 돈을 안 쓰는 것이 아니라, 쓴 이유가 남겨져 있는 것이다.

③ 가업상속공제가 어렵다면 우회로를 찾아라.

가업상속공제는 강력하지만, 사후 관리(5년 유지)나 업종 변경 제한 등 제약이 많다. 만약 조건 충족이 어렵다면 다음 2가지 대안을 즉시 검토해야 한다.

• 사업용 자산의 법인화 : 개인의 상속 문제를 **주식 상속** 문제로 전환해 단계적 관리가 가능해진다.
• 조기 사업 승계 + 증여세 과세특례 : 증여세를 최대 1/10 수준으로 낮추어 상속 시점의 리스크를 미리 제거한다.

2. 실무 사례 : 식당 운영자 K씨의 계좌 조사

분석 자료

- 업종 : 시내 대형 식당 운영
- 이슈 : 사업용 계좌에서 연간 수억 원 인출, 해당 자금으로 배우자가 주택 취득

Q1. 사업자의 상속세는 장부를 기준으로 매기나?

아니다. 장부는 출발점일 뿐이다.

상속세는 '**장부 + 계좌 흐름 + 실제 자산 형성 결과**'를 종합적으로 판단한다. 장부에 기록되지 않았더라도 계좌 흐름으로 포착되면 모두 상속재산에 포함된다.

Q2. 사업용 계좌 인출금, 어떻게 소명해야 하는가?

소명 여부에 따라 세금의 성격이 완전히 달라진다.

- 사업 관련 지출 : 세금계산서 등 증빙으로 소명
- 가족 생활비 : 사회 통념상 합리적 수준이면 인정
- 배우자·자녀 자산 취득 : 소명 안 될 시 '**상속재산 가산 + 증여세 + 가산세**' 폭탄

Q3. 계좌 분리 여부에 따른 리스크 차이

구분	계좌 구분 시(O)	계좌 구분 미흡 시(X)
조사 범위	해당 계좌로 제한 가능	전 계좌로 조사 확대
소명 부담	상대적으로 낮음.	매우 큼(증명 책임이 상속인에게 있음).
가족 자금	증여와 대여의 구분	무조건 증여로 의심받음.
최종 결과	관리 가능한 세무	예측 불허의 추징 세액

🔴 결론 : 계좌 분리는 단순한 정리가 아니라, 세무 조사로부터 재산을 지키는 최선의 방어 전략이다.

Expert Tip 자영업자 상속 핵심 팁

1. 상속세의 70%는 **계좌**에서 결정됩니다 : 재산의 총액보다 계좌의 투명성이 세액을 결정짓는 핵심 변수입니다.

2. 인출보다 무서운 것은 **설명 없는 인출**입니다 : 돈을 쓰실 때는 반드시 누구에게, 왜 보냈는지 기록을 남겨두십시오. AI 시대에 가장 필요한 대비책입니다.

3. 가업상속공제에만 목매지 마십시오 : 조건이 안 된다면 법인화나 증여세 특례라는 확실한 **플랜 B**를 빨리 설계해야 합니다.

4. '설마 조사 나오겠어?'가 가장 비싼 판단입니다 : 세무서는 자산가들의 계좌 흐름을 생각보다 훨씬 정밀하게 들여다보고 있다는 사실을 잊지 마십시오.

임대업자의 핵심 기술 : 수익형 자산의 명의 분산과 관리비용 현실화

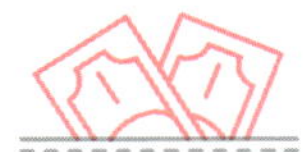

임대업자의 상속 설계는 **자산 가치보다 소득이 누구 통장에 쌓이느냐?** 에서 결정된다. 임대소득이 부모 명의 통장에 계속 쌓이는 순간, 매달 상속세 과세 대상은 자동으로 증가하기 때문이다. 따라서 임대업자 상속 전략의 핵심은 다음 2가지다.

- 임대소득의 귀속 주체를 바꿀 것
- 자산 이전 시점과 방법을 전략적으로 관리할 것

1. 임대업자의 핵심 기술

① 임대소득만 떼어 넘길 수는 없다.

많은 임대업자가 "임대 수익만 자녀에게 줄 수 없느냐?"라고 묻지만, 세법상 임대소득은 부동산 소유자에게 귀속된다. 즉, 소득을 이전하려면 반드시 부동산 자체(지분 포함)의 이전이 전제되어야 한다.

② 이전 방법의 선택 : 지분 증여 vs 부담부 증여

부동산을 넘기는 방식에 따라 세금 구조가 완전히 달라진다.

- 지분 증여 : 일정 비율의 지분만 이전하는 방식이다. 소득이 지분만큼 분산되어 구조가 단순하지만, 증여세 부담이 클 수 있다.
- 부담부 증여 : 부동산에 담보된 채무(대출, 보증금)를 함께 넘기는 방식이다. 채무만큼 증여가액이 줄어 증여세는 낮아지지만, 채무 인수분은 양도로 보아 부모에게 양도세가 발생한다.

- ▶ 핵심 : 부동산의 시가, 채무 규모, 보유 기간에 따라 유리한 방식이 다르므로 사전 시뮬레이션이 필수다.

③ 감정평가는 세금 계산의 출발점이다.

임대 부동산 소유권 이전 시에는 감정평가는 선택이 아니라 전략이다. 증여세·취득세·상속세 모두 감정가를 기준으로 과세하기 때문이다.

- ▶ 체크리스트 : 감정 시점, 감정 목적, 감정기관의 선택
- ▶ 판단 기준 : "오늘 정한, 이 가격으로 10년 뒤 세무 조사를 버틸 수 있는가?"

2. 실무 사례 : 50억 원 빌딩 소유자 A씨의 고민

분석 자료

- 자산 : 기준시가 약 50억 원 빌딩
- 현황 : 연 임대 수익 5억 원(전액 A 귀속)

Q1. 임대소득에 대한 소득세율은 어느 정도인가?

연소득 5억 원은 종합소득세 고세율 구간(40%)에 해당한다. 지방소득세를 포함하면 약 44%, 즉 소득의 절반 가까이가 세금으로 사라진다.

Q2. 명의를 분산하면 세율이 얼마나 떨어지나?

임대소득을 자녀(또는 배우자) 50%로 분산하면 각자의 과세표준이 낮아져 누진세율이 하락한다. 실무적으로 전체 평균 세율이 30%대 초중반까지 떨어지는 효과를 볼 수 있다.

Q3. 이전 방식에 따른 복합 세무 리스크는?

부동산을 움직이는 순간 3가지 세금이 동시에 움직인다.
- 증여세 : 지분 이전에 따른 세금
- 취득세 : 자녀가 내야 할 세금
- 양도세 : 부담부 증여 시 채무 부분에 대한 세금

이 3가지 세금의 합이 향후 절감될 **소득세 + 상속세**보다 적어야 실행 가치가 있다.

Q4. 건물만 증여하거나 부담부 증여를 해도 되나?

가능하다. 하지만 주의할 점이 많다.
- 부가가치세 : 토지는 면세지만 건물은 과세 대상이다. 건물만 증여 시 **부가가치세**가 추가 발생할 수 있다.
- 취득세 이원화 : 부담부 증여 시 채무 부분은 매매 취득세, 증여 부분은 증여 취득세가 각각 적용되어 구조가 복잡해진다.

Expert Tip 임대업 상속 핵심 팁

1. 상속은 자산보다 소득 흐름의 관리입니다 : 자산 가치가 멈춰 있어도 소득이 쌓이면 상속세는 매일 늘어납니다.

2. 명의 분산은 과세 속도를 늦추는 기술입니다 : 소득의 귀속 점을 바꾸는 것만으로도 상속세 증가 가속도를 늦출 수 있습니다.

3. 감정평가는 세무가 아니라 전략입니다 : 가장 유리한 시점(개발 전, 공실 발생 등)을 포착해 가치를 확정하십시오.

4. 부동산 이동은 종합 예술입니다 : 증여세 하나만 보지 말고 양도세·취득세·부가가치세를 동시에 계산하는 **정밀함이 필요**합니다.

일반법인 주주의 핵심 기술 :
주식 가치 평가와
주식 반납을 통한 현금 확보

법인의 주식 가치가 지나치게 높아지면 상속세는 더 이상 개인의 문제가 아니다. 이는 회사의 존립 문제로 직결된다. 상속세를 낼 현금이 없어 결국 회사를 매각하거나 경영권을 잃는 비극을 막으려면, 전문가들은 법인의 이익을 미리 분산하고 자녀가 상속세를 낼 **실탄**(현금)을 회삿돈으로 마련해두는 전략을 쓴다.

1. 일반법인의 3대 핵심 기술

① 주식 가치 평가는 상시 모니터링 대상이다.

상속세는 주식 수가 아니라 '**주식 가치 × 지분율**'로 결정된다. 비상장법인의 가치는 순자산 가치와 수익 가치를 결합해 산정되는데, 대부분의 가족 법인은 쌓아둔 미처분이익잉여금 때문에 주식 가치가 실제보다 과도하게 부풀려져 있다. 모든 전략의 시작은 현재 우리 회사의 주식 가치를 정확히 아는 것에서 시작한다.

② 주식을 넘기기 전, 몸집부터 줄여라.

주식 가치가 고점일 때 증여나 상속을 진행하는 것은 자살 행위다. 전문가들은 다음 순서로 주식을 가볍게 만든 후 움직인다.

- 과도한 잉여금의 전략적 정리
- 차등 배당을 통한 소득 분산
- 이익 소각구조 설계
- 영업과 무관한 불필요 자산의 분리

③ 가지급금과 잉여금 : 주식 가치를 폭파하는 이중 폭탄

- 가지급금 : 회사의 자산으로 잡혀 순자산 가치를 높인다.
- 잉여금 : 회사의 이익으로 잡혀 수익 가치를 높인다.

이 둘을 방치하면 주식 가치는 천정부지로 솟구치고, 정작 상속인은 세금 낼 현금이 없어 파산하게 된다.

2. 실무 사례 : 잉여금 100억 법인의 상속 시나리오

분석 자료

- 주주 구성 : 아버지 K씨(지분 50%), 대표이사 자녀
- 재무 상태 : 미처분이익잉여금 100억 원, 가지급금 10억 원
- 위험 요소 : 주식 가치 과다 평가, 상속세 납부 현금 부족

Q1. 이 법인의 주식 가치를 낮추는 이익 소각이란?

법인이 보유한 이익잉여금을 활용해 주주로부터 주식을 사들인 뒤 이를 없애버리는(소각) 방식이다.

- 결과 : 회사의 자산(잉여금)이 줄어들고, 발행 주식 수도 줄어든다.

- 효과 : 주식 가치가 잉여금에 의해 부풀려진 법인일수록 가치 하락 효과가 탁월하다. 단, 순자산 감소로 인해 전체 가액은 줄어들지만, 분모인 발행 주식 총수가 함께 감소하므로 1주당 평가액은 오히려 상승하는 역설이 발생할 수 있다. 실무 적용 시 시뮬레이션이 필요하다.

Q2. 이익 소각으로 받은 현금을 어떻게 활용하나?

실무에서 가장 권장하는 시나리오는 **가지급금 상환과 상속세 재원 마련**의 결합이다.

- 자녀의 현금 확보 : 이익 소각을 통해 자녀(주주)가 현금을 수령한다.
- 가지급금 정리 : 수령한 현금으로 회사에 있는 가지급금을 상환한다.
- 이중 효과 : 법인은 채권을 회수해 깨끗해지고, 주식 가치는 자산 감소로 인해 한 번 더 떨어진다.
- 핵심 전략 : 세금 없이 넘기려 하지 마라. 대신 세율이 낮을 때(미리) 나눠 갖는 구조를 짜야 한다.

> **Expert Tip** 법인 상속 핵심 팁
>
> 1. 상속세는 비싼 주식 때문에 생깁니다 : 주식 수가 많아서가 아니라, 주식 하나하나가 너무 비싸서 세금이 나오는 것입니다. **가치를 낮추는 것이 최우선**입니다.
> 2. 현금 없는 상속은 재앙입니다 : 주식만 물려받고 세금 낼 현금이 없으면 경영권은 순식간에 사라집니다. 이익 소각 등으로 자녀의 주머니를 미리 채워주십시오.
> 3. 이익 소각은 시간과 현금을 바꾸는 전략입니다 : 지금 일부 세금을 내더라도 미래의 거대한 상속세를 막는 가장 효율적인 교환입니다. 참고로 2026년 3월 6일 자사주 소각 등과 관련해 상법이 개정되었으므로, 이익 소각 등을 하기 전에 반드시 세무 전문가의 조언을 참조하시기 바랍니다.
> 4. 가지급금은 회사의 암세포입니다 : 상속 시점에 이 암세포는 주식 가치를 부풀려 세금을 가중시킵니다. 하루라도 빨리 정리 **구조를 설계**하십시오.

임대법인 주주의 핵심 기술 :
가업상속공제 배제 → 주식 관리가 곧 절세

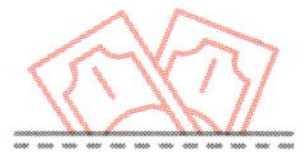

"임대법인은 국가의 세제 혜택이 없으므로, 주식 평가액 자체를 낮게 관리하는 것이 유일한 길이다."

임대업을 주된 사업으로 하는 법인은 가업상속공제 대상에서 제외된다. 즉, 일반 기업처럼 수백억 원의 공제를 기대할 수 없다. 결국, 임대법인의 상속 설계는 **'얼마나 깎느냐?'**의 싸움이 아니라, **'주식 가치가 오르기 전에 어떻게 넘기느냐?'**의 싸움이다.

1. 임대법인의 3대 핵심 전략

분석 자료

① 주식 평가가 순자산 가치 위주인지 확인하라.

임대법인은 자산 대부분이 부동산이므로, 수익 가치보다는 **순자산 가치**(자산 - 부채)에 의해 주식값이 결정되는 경우가 많다. 회사가 돈을 얼마나 버느냐보다 가진 건물의 가치가 얼마냐가 세금을 결정한다는 뜻이다.

② 부동산 평가 방식이 최대의 승부처다.

주식 가치를 산정할 때 부동산을 **공시가격**(기준시가)으로 평가할지, **시가**(감정가)로 평가할지에 따라 주식값이 천차만별로 달라진다. 최근 국세청은 비상장주식 평가 시 부동산만 따로 감정평가를 해서 세금을 추징하는 사례가 늘고 있음을 명심해야 한다.

③ 주식은 미리, 쪼개서, 싸게 이전하라.

혜택이 없는 임대법인에게 시간은 곧 세금이다. 부동산 가치가 상승하기 전에, 지분을 자녀나 배우자에게 분할해 미리 이전해두는 것이 가장 확실한 절세다.

2. 실무 사례 : 임대법인 지분 이전의 명암

분석 자료

- 주주 구성 : A씨 지분 50% 보유
- 주식 현황 : 1주당 10만 원(장부가액 기준), 총 1만 주
- 법인 가치 : 약 10억 원(장부상)

Q1. 임대법인 주식 평가 시 부동산은 장부가액으로 가능한가?

원칙적으로 비상장주식은 순자산 가치로 평가하며, 이때 부동산은 장부가액이나 기준시가를 활용할 수 있다. 하지만 이는 장부상의 숫자일 뿐, 실제 거래나 증여 시에는 세법상 **시가**가 우선임을 잊지 말아야 한다.

Q2. 주식을 장부가(저가)로 넘기면 문제가 없나?

위험하다. 상증세법 제60조에 따라 국세청은 해당 부동산만 따로 감정평가를 할 수 있는 권한이 있다.

결과적으로, **주식은 싸게 샀다고 생각했는데, 세금은 감정가**(시가) **기준으로 두들겨 맞는** 상황이 발생할 수 있다.

Q3. 주식 이전 시 과점주주 취득세를 내야 하는가?

그렇다.

주식 취득으로 지분율이 50%를 초과하게 되거나 과점주주 집단의 지분이 증가하면, 법인이 보유한 부동산을 취득한 것으로 보아 취득세(약 2.2~2.8%)가 부과된다. 주식 이전 전 반드시 계산기에 넣어봐야 할 비용이다.

Q4. 증여와 양도, 어떤 것이 유리한가?

구분	증여	양도
주요 세금	증여세	양도세
평가 기준	시가(감정가 우선)	실제 거래가액(저가 거래 시 부인 위험)
전략 포인트	자금 출처가 명확할 때 유리	단계적 분할 양도로 세율 분산

실무에서는 한꺼번에 넘기기보다 증여와 양도를 혼합해 세율을 최적화하는 전략이 정석이다.

Expert Tip　**임대법인 핵심 팁**

1. 임대법인은 '가만히 있으면 세금이 늘어납니다' : 부동산 시세가 오르는 만큼 주식 가치는 자동으로 상승하고, 상속세도 함께 불어납니다.
2. 주식 이전 시점이 **절세의 70%**를 좌우합니다 : 부동산 시세 상승기에는 고민하는 시간 자체가 곧 비용입니다.
3. 가장 위험한 선택은 아무것도 안 하는 것입니다 : 차입금(부채) 없이 순자산만 키우며 상속을 맞이하는 것은 국가에 건물의 절반을 기부하겠다는 선언과 같습니다.
4. 명의를 쪼개는 것은 방어막을 치는 것입니다 : 과점주주 취득세가 무서워 지분 이전을 미루는 소탐대실을 범하지 마십시오.

비거주자(해외 거주자) 핵심 기술 : 거주자로 돌아올 것인가, 비거주자로 남을 것인가?

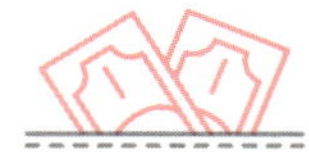

"비거주자는 세율이 높은 것이 아니라, 상속공제라는 방패가 없어서 위험한 것이다."

해외에 거주하는 자산가의 상속 설계는 단순히 세금을 계산하는 단계 이전에 **신분(거주자 여부)**을 결정하는 것에서 시작된다. 비거주자로 분류되는 순간, 한국 세법이 제공하는 강력한 절세 혜택인 배우자공제와 일괄공제가 신기루처럼 사라지기 때문이다.

1. 비거주자의 핵심 기술

① 사망 시점의 거주자 여부가 판도를 바꾼다.

거주자 판정은 국적이나 영주권 유무로 결정되지 않는다. **생활 관계**의 **중심**이 어디인가가 핵심이다.

- 가족(배우자·자녀)이 어디에 사는가?
- 주된 직업과 소득원이 어디인가?
- 실제 체류 기간과 거주 목적이 무엇인가?

② 공제 절벽 : 비거주자는 상속공제가 사실상 없다.

국내 거주자는 최소 5억 원(일괄공제)에서 최대 수십억 원(배우자공제 등)을 공제받지만, 비거주자는 기초공제 2억 원 외에는 그 어떤 인적공제도 받을 수 없다.

③ 전략의 방향타 : 전환할 것인가, 정리할 것인가?

- 거주자 전환 전략 : 사망 전 일정 기간 국내로 복귀해 거주자 신분을 획득, 공제 혜택을 극대화한다.
- 자산 이동 전략 : 전환할 수 없다면, 한국 내 자산을 미리 처분하거나 증여해서 국내 과세 대상을 최소화한다.

2. 실무 사례 : 미국 영주권자 A씨의 상속 시나리오

분석 자료

- 상태 : 미국 영주권자(배우자 미국 거주)
- 자산 : 한국 자산 30억 원 / 미국 자산 20억 원

Q1. 거주자와 비거주자, 상속공제액은 얼마나 차이 나나?

구분	거주자	비거주자
기초공제	2억 원	2억 원
일괄공제	5억 원(선택 가능)	× 불가

구분	거주자	비거주자
배우자공제	최소 5 ~ 최대 30억 원	✕ 불가
인적공제	자녀, 연로자 등 가능	✕ 불가
한 줄 결론	최소 5 ~10억 원 이상 공제	딱 2억 원만 공제

Q2. 비거주자 신분을 유지할 때의 득과 실은?

▶ 장점 : 한국 국세청은 **한국에 있는 자산(30억 원)**에 대해서만 과세한다. 미국 자산(20억 원)은 한국 상속세 범위에서 제외된다.

▶ 단점 : 공제가 2억 원뿐이라 30억 원 중 28억 원이 고스란히 과세 대상이 된다. 최고세율 구간에 쉽게 진입한다.

Q3. 거주자로 전환할 때의 득과 실은?

▶ 장점 : 배우자공제 등을 활용해 한국 내 세 부담을 대폭 낮출 수 있다.

▶ 단점 : **전 세계 모든 자산(50억 원)**이 한국 상속세 과세 대상이 된다. 미국 자산에 대해 한국과 미국 양쪽에서 발생하는 이중과세 문제를 반드시 검토해야 한다.

[시뮬레이션] 거주자 vs 비거주자 상속세 비교

(단위 : 원, 단순 계산을 위해 기타 채무나 장례비 등은 제외)

구분	거주자(한국 복귀 시)	비거주자(미국 거주 시)
1. 과세 대상 자산	50억 원(국내 30억 원+ 해외 20억 원)	30억 원(국내 자산만)
2. 상속공제	−10억 원(배우자 5 + 일괄 5)	−2억 원(기초공제만 가능)
3. 과세표준	40억 원	28억 원
4. 산출세액	15.4억 원(50%, 4.6억 원 공제)	9.4억 원(40%, 1.6억 원 공제)
5. 결정세액	약 14억 원 내외 (외국납부세액공제 등 반영 시)	9.4억 원

[핵심 분석] 왜 이런 결과가 나오는가?

▶ 과세 범위의 차이가 공제 혜택을 압도한다.
거주자가 되면 한국 상속공제를 10억 원이나 받을 수 있지만, 그 대가로 미국에 있는 50억 원 자산까지 한국 국세청에 신고해야 한다. 한국의 상속세 최고 세율은 50%로 매우 높으므로, 공제를 많이 받아도 전체 세금은 감당하기 어려운 수준으로 불어난다.

▶ 비거주자는 현지 세법에만 집중하면 된다.
비거주자라면 한국 국세청은 미국 자산 50억 원에 대해 간섭할 권한이 없다. 한국에는 딱 10억 원에 대한 세금(1.8억 원)만 내면 끝난다. 50억 원에 대해서는 미국의 상속세(Estate Tax) 규정을 따르면 되는데, 현재 **미국의 상속세 면제 한도**는 한국보다 훨씬 높으므로 전체적인 세 부담은 비거주자일 때 훨씬 낮아진다.

Q4. 만일 한국에는 자산이 10억 원, 미국에 50억 원이 있다면, 이 경우 거주자와 비거주자 중 어떤 것이 유리할까?

자산 규모와 위치가 역전된 이 사례는 비거주자 전략의 핵심인 과세 범위의 제한을 극명하게 보여준다.

▶ 결론 : 이 경우에는 비거주자 신분을 유지하는 것이 압도적으로 유리하다.

[시뮬레이션] 한국 10억 원 vs 미국 50억 원 자산 보유 시

(단위 : 원, 배우자 생존 가정)

구분	거주자(전 세계 과세)	비거주자(국내 자산만 과세)
1. 과세 대상 자산	60억 원(국내 10억 원 + 해외 50억 원)	10억 원(국내 자산만)
2. 상속공제	−10억 원(기초+배우자+일괄)	−2억 원(기초공제만)
3. 과세표준	50억 원	8억 원
4. 산출세액	20.4억 원(50%, 4.6억 원 공제)	1.8억 원(30%, 0.6억 원 공제)
최종 결과	한국에 약 20.4억 원 납부	한국에 약 1.8억 원 납부

1. 비거주자가 유리한 골든 크로스 : 해외자산 비중이 국내 자산보다 압도적으로 크다면, 한국의 상속공제를 포기하더라도 비거주자 신분을 유지하는 것이 훨씬 이득입니다.

2. 이중과세 공제의 한계 : 거주자가 되어 미국 자산에 대해 한국 상속세를 내더라도 미국에서 낸 세금을 **공제(외국납부세액공제)**받을 수는 있습니다. 하지만 한국의 세율(최대 50%)이 미국의 실효세율보다 높은 경우가 많아, 결국 그 차액만큼 한국에 세금을 더 내야 하는 상향 평준화가 발생합니다.

3. 자산 재배치의 기술 : 만약 한국 자산이 10억 원이 아니라 점점 늘어날 전망이라면, 사망 전 거주자 전환을 고민하기보다 한국 자산을 증여나 매각을 통해 줄이는 것이 비거주자에게는 **최고의 상속 전략**입니다.

복합 자산가의 핵심 기술 :
개인과 사업, 그리고 법인의
돈이 섞이면 벌어지는 일들

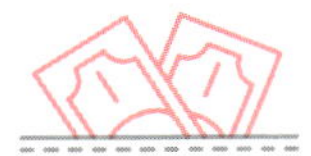

상속세는 개인이 보유한 재산에 과세되지만, 현실에서의 재산 관계는 그리 단순하지 않다. 단독사업장, 공동사업장, 그리고 여러 법인의 주식이 복합적으로 얽혀 있기 때문이다. 이렇게 **돈의 꼬리표(출처)**가 불분명해진 상태로 상속을 맞이하면 세무 처리는 걷잡을 수 없이 복잡해진다.

1. 복합 재산 관리의 3대 철칙

첫째, 개인과 개인사업의 계좌는 엄격히 구분해야 한다.

사업 자금과 가계 자금이 섞이는 순간, 모든 지출은 **소명 대상**이 된다.

둘째, 공동사업자의 계좌는 유리병처럼 투명해야 한다.

단일 계좌를 쓰더라도 지분비율에 따른 분배 기록이 명확해야 증여 오해를 피한다.

셋째, 법인과 개인의 벽을 허물지 말아야 한다.

법인 돈이 개인이나 사업계좌로 흘러들어오는 순간, 이는 **가지급금**

이라는 시한폭탄이 된다.

2. [실무 사례] 임대업과 법인을 동시 운영하는 K씨의 리스크

분석 자료

- A사업장 : 3인 공동임대
- B사업장 : 부부 공동임대(소득분배 신고 무)
- C법인 : 주주 겸 전직 대표(입출금 흔적 과다, 가수금 1억 원 보유)
- 배우자 : 5년 전 K씨로부터 받은 5억 원으로 주택 구매

Q1. 매월 배우자에게 보낸 500만 원은 소득분배인가, 생활비인가?

▶ 결론 : 원칙적으로 생활비로 간주된다.

B사업장이 부부 공동명의일지라도 그동안 실제 소득분배 신고(사업자등록 및 종합소득세 신고)를 한 적이 없다면, 세법은 이를 정당한 수익 배분이 아닌 단순한 생활비 보조로 본다. 만약 생활비 수준을 초과한다면 이는 증여 문제가 된다.

Q2. 계좌를 혼용해서 쓰면 어떤 3중 리스크가 발생하는가?

- 소득 귀속의 불명확 : 세무 조사 시 **출처가 불분명한 돈**은 전액 피상속인의 소득으로 간주되어 세금이 추징된다.
- 공동사업자 정산 부인 : 지분대로 분배했다는 것을 입증할 수 없어져 절세 구조 자체가 무너진다.
- 상속재산 가액 증가 : 계좌에 남은 잔액 전체가 구분 없이 피상속인의 재산으로 편입되어 상속세가 늘어난다.

Q3. 법인에 넣어둔 내 돈 가수금 1억 원, 효자인가 불효자인가?

가수금은 원래 법인이 나에게 갚아야 할 채권이므로 상속재산에 포함된다. 하지만 실무에서는 **이중 불이익**이 자주 발생한다.

▶ 리스크 : 국세청이 '실제 입금된 돈이 아니라 가지급금을 가짜로 상계 처리한 숫자일 뿐'이라고 판단할 경우, 재산에는 1억 원을 포함하면서 법인의 채무로는 인정해주지 않는 최악의 결과가 나올 수 있다.

▶ 핵심 : 가수금은 존재 여부보다 발생 출처에 대한 증빙이 생명이다.

> **Expert Tip**　**복합 자산가 핵심 팁**
>
> 1. 상속세에서 가장 무서운 것은 계좌의 혼용입니다 : 재산이 많은 것보다 돈의 경로가 꼬여 있는 것이 더 위험합니다. 경로가 섞이면 국세청은 이를 모두 상속재산으로 봅니다.
> 2. 배우자 송금은 반드시 이름표를 붙이십시오 : 지금 보내는 돈이 생활비인지, 소득분배인지, 아니면 증여인지 구조를 먼저 짜고 보내야 합니다.
> 3. 가수금은 입증하지 못하면 독이 됩니다 : "내 돈 내가 넣었는데 왜 문제냐"라는 말은 통하지 않습니다. 왜 생겼는지 입증하지 못하는 가수금은 **상속세만 높이는 주범**이 됩니다.
> 4. '배우자니까 괜찮다'라는 인식이 골든타임을 놓치게 합니다 : 사회통념을 벗어나는 자금 이동은 반드시 증여세 리스크를 동반한다는 사실을 명심하십시오.

자금 출처 조사가 통합 조사로 이어지는 치명적인 루트

"국세청은 당신이 산 물건을 보는 것이 아니라, 그 물건을 살 돈의 뿌리를 본다."

부동산을 사거나 대출을 갚을 때, 국세청은 시스템을 통해 취득자의 연령, 소득, 재산 상태를 분석한다. 여기서 스스로 자산 취득 능력이 부족하다고 판단되면 자금 출처 조사가 시작된다. 특히 상속세 국면에서는 과거 10년 치의 자산 취득 내역이 역으로 추적되기도 한다.

1. 자금 출처 조사의 핵심 기술

① 80% 룰의 함정을 이해하라.

많은 이들이 '취득가액의 80%만 입증하면 20%는 괜찮다'라고 오해한다.

- ▶ 진실 : 입증하지 못한 20%가 2억 원을 초과하면 그 금액 전체에 대해 증여세가 부과된다.

- ▶ 전략 : 80%에 맞추려고 하지 말고, 처음부터 100%를 소명한다는 자세로 증빙을 준비해야 한다.

② 소득금액증명원이 만능은 아니다.

"내가 연봉이 얼마인데 이 정도 집을 못 사느냐?"라는 항변은 통하지 않는다.

- ▶ 리스크 : 연봉 2억 원이라도 생활비, 기존 대출 원리금 상환액 등을 제외한 **가용 현금**이 얼마인지가 기준이다.

● 전략 : 원천징수영수증뿐만 아니라 실제 저축 여력(자금 원천)을 수치화해두어
야 한다.

③ 부채 사후 관리는 조사의 끝이 아닌 시작이다.

부채로 자금 출처를 소명했다면, 국세청은 그 부채를 누가, 무슨 돈
으로 갚는지 끝까지 지켜본다. 부채 상환 시점에 자금 출처 조사가 재
발생하는 경우가 허다하다.

2. [실무 사례] 30대 자녀의 강남 아파트 취득

분석 자료

- 대상 : 30대 중반 직장인 자녀(연봉 8,000만 원)
- 취득 자산 : 20억 원 상당의 아파트
- 자금 구성 : 본인 저축 3억 원 + 주식 처분 및 주택담보대출 8억 원
  + 부모 차용 5억 원 + 전세보증금 4억 원

Q1. 국세청은 이 자금 구성을 어떻게 의심하는가?

"부모 차용 5억 원은 증여가 아닌가?"

자녀의 연봉과 생활비를 고려할 때 5억 원의 원리금을 상환할 능력
이 없다고 판단되면, 차용증이 있더라도 이를 **형식적인 계약**으로 보고
증여세를 매기려고 한다.

Q2. 부모와 자식 간 차용임을 입증하는 결정적 증거는?

단순히 차용증만으로는 부족하다. 다음의 삼박자가 맞아야 한다.

- 객관적 증빙 : 공증, 우체국 확정일자, 혹은 메일 발송 기록 등 작성 시점 증빙
- 이자 지급 : 금융 기록을 통해 실제 이자가 정기적으로 이체된 내역
- 상환 능력 : 자녀의 소득 내에서 이자와 원금을 감당할 수 있다는 시뮬레이션

Q3. 전세보증금(4억 원)을 자금 출처로 인정받을 때 주의점은?

전세보증금은 훌륭한 자금 출처가 되지만, 나중에 보증금을 돌려줄 때가 문제다. 세입자가 나갈 때 부모 돈으로 보증금을 돌려주면 그 시점에 4억 원에 대한 증여 조사가 시작된다.

Q4. 자금 출처 조사 통보를 받았다면 가장 먼저 무엇을 해야 하나?

과거 10년 치의 계좌 내역을 직접 뽑아보라. 국세청이 보는 자료와 내가 가진 자료를 일치시켜야 한다. 특히 비정기적인 고액 입금에 대해 축의금, 빌린 돈의 반환, 예금 만기 등 명확한 꼬리표를 미리 달아두어야 한다.

[자금 출처 조사가 통합 조사로 연결되는 루트]

증여세(상속세) 조사의 시작은 보통 '자녀가 이 돈을 어디서 얻었나?'라는 단순한 질문에서 시작된다. 하지만 이 질문에 제대로 답하지 못하는 순간, 조사는 걷잡을 수 없이 커진다. 자금 출처 조사는 그 자체로 끝나는 것이 아니라, 개인이나 사업자, 법인 등 일평생 자금 흐름을 탈탈 터는 통합 조사로 가는 급행열차다.

▶ 자녀 계좌에서 부모의 계좌로 확장되는 순간

자녀의 아파트 구입 자금 출처를 소명하다 보면, 부모의 계좌에서 넘어온 돈이 발견된다. 국세청은 여기서 멈추지 않고 그 돈이 부모의 계좌에서 어떻게 빠져나왔는지를 추적한다.

▶ 조사의 범위가 개인에서 기업으로 확장되는 순간

단순 증여세 조사로 시작했지만, 조사관이 '이 돈의 원천이 불분명하다'라고 판단하면 곧바로 조사 범위를 확대한다. 이때부터는 상속인뿐만 아니라 피상속인이 운영했던 사업장의 최근 5~10년 치 장부가 분석 대상이 된다. 자금 출처 조사가 사업·법인 통합 조사라는 거대한 파도로 변하는 것이다.

Expert Tip **자금 출처 조사 대응 팁**

1. 조사는 돈을 쓴 시점이 아니라 돈을 번 시점부터 시작됩니다 : 평소 소득 신고를 성실히 하고 근거를 남기는 것이 최고의 절세입니다.
2. 차용증은 쓰는 것보다 지키는 것이 어렵습니다 : 약정한 날짜에 이자가 단 하루라도 늦지 않게 자동이체를 설정하십시오.
3. 현금 증여 후 시간이 지났으니 괜찮겠는지는 금물입니다 : 부동산 취득 시점에는 10년 전의 현금 흐름까지도 수면 위로 올라옵니다.
4. 증빙이 없는 돈은 무조건 남에게 받은 돈이 됩니다 : 본인의 과거 소득, 보험 해약 환급금, 예·적금 만기 자료를 미리 PDF로 저장해두는 습관이 필요합니다.
5. 조사가 시작되면 세무사와 상의하세요.

AI 시대,
상속절차 및 상속세 조사 대비 체크리스트

AI 시대의 국세청 검증은 인간의 눈이 놓치는 미세한 자금 흐름까지 포착해낸다. 이제는 '설마 알겠어?'라는 안일함이 통하지 않는 시대다. 빈틈없는 상속세 신고와 조사를 위해 반드시 확인해야 할 체크리스트를 알아보자.

1. 원스톱 서비스로 처리 가능한 범위

상속은 하나의 절차처럼 보이지만 실제로는 세무·등기·금융·가족관계 정리가 동시에 진행된다. 원스톱 서비스에서 보통 포함되는 업무는 다음과 같다.

- 상속인 확정 및 가족관계 정리
- 상속재산 조사(부동산·금융자산·채무)
- 상속세 계산 및 신고
- 부동산 상속등기
- 금융자산 이전 및 해지
- 사후 세무 관리(세무 조사 대응 포함)

🔴 주의 : 원스톱이라고 해도 감정평가, 상속 분쟁, 해외자산은 별도 계약인 경우가 많다.

2. 상속세 준비 서류 체크리스트

1) 기본 인적 서류

- 사망진단서 또는 사망 사실 증명
- 피상속인 기본증명서(상세)
- 피상속인 가족관계증명서
- 상속인 전원의 가족관계증명서

• 혼인관계증명서(배우자가 있는 경우)

2) 재산 관련 서류

• 부동산 등기부 등본 전부
• 건축물대장, 토지대장
• 임대차계약서
• 금융거래 내역서(최근 10년)
• 주식·펀드·보험 증권
• 법인 관련 자료(정관, 주주명부, 재무제표)

3) 채무·공제 관련 서류

• 금융기관 채무확인서
• 임대보증금 내역
• 장례비 영수증
• 의료비 지출명세
• 배우자 재산 명세

▶ 서류 준비가 늦어질수록 신고기한 임박 → 보수적 신고 → 세금 증가로 이어진다.

3. 상속세 신고 체크리스트

• 신고기한 : 사망일이 속한 달의 말일로부터 6개월(국외 9개월)
• 신고 전 반드시 확인할 사항
  - 사전증여 여부(10년·5년)
  - 감정평가 필요성

- 배우자공제 활용 여부
- 연부연납·물납 가능성

▶ 중요 포인트
  • 기준시가 신고는 안전하지 않음.
  • 신고 후 5년간 세무 조사 리스크 존재

4. 상속등기 절차 체크리스트

• 상속등기 기한 : 상속개시일이 속하는 달의 말일로부터 6개월(비거
  주자 9개월)
• 필요서류
  - 상속재산분할협의서
  - 인감증명서(상속인 전원)
  - 인감도장 등
• 주의사항
상속등기를 미루면 양도 불가, 담보 불가, 분쟁 발생 시 정리 불가

▶ 상속세 신고보다 등기가 더 늦어지는 경우가 가장 흔한 실수

5. 상속세 사후 관리 체크리스트

상속세 신고 이후 반드시 점검해야 할 사항들이다.
• 상속재산 처분 시 양도세 검토
• 연부연납 이자 관리
• 물납 자산 관리
• 상속인 간 분쟁 발생 대비

• 세무 조사 대응자료 보관(최소 5년)

특히 중요한 사후 리스크는 다음과 같다.
• 감정평가 부인
• 사전증여 추진
• 금융자산 소명 요구

Expert Tip **AI 시대, 상속세 정밀 진단 체크리스트**

1. 국세청 AI의 타깃이 되는가? (위험도 점검)

[ ] 자산 증가율 분석 : 지난 5~10년간 나의 소득 대비 자산(부동산, 주식 등) 증가율이 비정상적으로 높지 않은가?

[ ] 신용카드 및 소비 패턴 : 신고된 소득에 비해 신용카드 사용액이나 해외여행 빈도가 과다해 자금 출처 조사 대상에 해당할 가능성이 있는가?

[ ] PCI(재산 지출 분석시스템) 점검 : 국세청 PCI 시스템(Property, Consumption and Income) 관점에서 소득 누락 의심 징후가 보이는가?

2. AI 가망 자산 데이터 확인 (평가 누락 점검)

[ ] 비상장주식 데이터 : 우리 회사 주식 가치가 AI 분석 때문에 예상보다 높게 평가되어 있지는 않은가?

[ ] 부동산 유사 매매사례 : 국세청 AI가 찾아낼 내 건물 주변의 최근 유사 매매사례(시가 인정액)를 파악하고 있는가?

[ ] 감정평가 타이밍 : 시가보다 낮은 기준시가로 신고했을 때, AI가 감정평가 대상으로 분류할 가능성이 큰 자산인가?

3. 자금 흐름의 투명성 (계좌 추적 대비)

[ ] 10년 치 통장 거래 : 가족 간 500만 원 이상의 빈번한 계좌 이체 중 증여로 오인당할 만한 내역이 있는가?

[ ] 현금 인출 기록 : 특별한 사유 없이 고액의 현금을 인출해 상속재산 추정 가산 대상(2년 이내 5억 원, 1년 이내 2억 원)이 될 위험이 있는가?

[   ] 차용증의 효력 : 가족 간 금전 거래 시 적정 이자를 지급하고 AI가 봐도 이해
    할 만한 금융 기록을 남겼는가?

4. 가업 및 법인 승계 적합성

[   ] 사후 관리 데이터 : 가업상속공제를 받았다면, AI가 실시간 모니터링하는 고
    용 유지 및 자산 유지 의무를 위반할 가능성이 있는가?

[   ] 법인 비용 분석 : 법인 카드의 사적 사용 등 AI가 법인세 조사와 연계해 상속
    인 자금 출처로 역추적할 만한 항목이 있는가?

5. 골든타임 10년 로드맵 이행 여부

[   ] 10년 주기 증여 : AI가 합산 과세하기 전, 10년 단위의 증여공제 한도를 최대
    한 활용하고 있는가?

[   ] 자산의 형태 전환 : 세금 추적이 쉬운 현금 자산을 AI 평가가 까다롭거나 절세
    효과가 큰 자산(법인 주식 등)으로 전환했는가?

신방수 세무사의
상속세 반 토막 나는 사람들의 10년 선택

제1판 1쇄 2026년 3월 23일

지은이 신방수
펴낸이 한성주
펴낸곳 ㈜두드림미디어
책임편집 최윤경
디자인 노경녀(nkn3383@naver.com)

㈜두드림미디어
등 록 2015년 3월 25일(제2022-000009호)
주 소 서울시 강서구 공항대로 219, 620호, 621호
전 화 02)333-3577
팩 스 02)6455-3477
이메일 dodreamedia@naver.com(원고 투고 및 출판 관련 문의)
카 페 https://cafe.naver.com/dodreamedia

ISBN 979-11-24026-22-9 (03320)

**책 내용에 관한 궁금증은 표지 앞날개에 있는 저자의 이메일이나
저자의 각종 SNS 연락처로 문의해주시길 바랍니다.**

책값은 뒤표지에 있습니다.
파본은 구입하신 서점에서 교환해드립니다.